Anonymous

Rathgeber für Katholiken im Umgang mit Protestanten

Anonymous

Rathgeber für Katholiken im Umgang mit Protestanten

ISBN/EAN: 9783743415126

Hergestellt in Europa, USA, Kanada, Australien, Japan

Cover: Foto ©Lupo / pixelio.de

Weitere Bücher finden Sie auf **www.hansebooks.com**

Katholische Stimmen

aus der

Schweiz.

II. Heft.

Rathgeber für Katholiken

im

Umgang mit Protestanten.

Herausgegeben
vom
Vorstand des Schweizerischen Pius-Vereins.
(Zweite verbesserte Auflage.)

Zürich und Stuttgart.
1868.
Leo Woerl'sche Verlagshandlung.

An die Leser.

In unserer Zeit hat sich der Verkehr zwischen den Katholiken und den Protestanten außerordentlich vermehrt; derselbe ist in manchen Orten sozusagen unvermeidlich geworden. Es genügt daher für den Katholiken nicht mehr, seinen Katechismus zu wissen, sondern er muß auch die Pflichten kennen, welche er gegenüber den Protestanten bezüglich des Glaubens und der Liebe zu erfüllen hat, er muß auch die Gefahren kennen, welche aus dem Umgang mit Andersgläubigen für sein eigenes Seelenheil entstehen mögen. Der Katholik muß heutzutage im Stande sein, seine Konfession gegen allfällige Angriffe zu vertheidigen, die Vorurtheile, welche gegen die katholische Kirche walten, aufzuklären, die Schliche und Fallstricke, welche von der protestantischen Propaganda nur zu oft dem Katholiken gelegt werden, aufzudecken; er muß mit einem Wort seine Stellung genau kennen, um einerseits nicht aus Indifferenz und Menschenfurcht seinen eigenen Glauben preiszugeben, und um anderseits nicht gegen die christliche Liebe, welche auch die Andersgläubigen umfaßt, zu fehlen.

In nachfolgenden Blättern erhält der Leser eine einläßliche Anleitung und Anweisung hiefür. Grundsätzlich hielten wir uns an den Ausspruch des Hochwürdigsten Episkopats Deutschlands, welcher in seiner denkwürdigen Versammlung zu Würzburg im Jahre 1848 erklärte: „Den Bekennern anderer Glau„benslehren gegenüber galt und gilt der Kirche als leitende Norm „stets der Grundsatz: daß sie gegen die Personen Aller, die „zu ihrer Lehre, Verfassung und Disziplin sich nicht bekennen „und halten, allerwegen jenes gleiche Vollmaß der Liebe und „Gerechtigkeit beobachtet, welches den bürgerlichen Frieden „zwischen Anhängern verschiedener Glaubensbekenntnisse sichert; „ohne einen allen Bekenntnissen gleich verderblichen Indifferen-

„tismus und eine ihren Satzungen widerstreitende Communi„catio in sacris (kirchliche Vermischung) zu begünstigen."

Geleitet von diesen Grundsätzen, haben wir in diesen Blättern zuerst den Unterschied zwischen Katholik und Protestant, zwischen Protestant und Protestantismus, zwischen Protestant und Protestant erörtert und dann die Regeln aufgestellt, welche der Katholik im Allgemeinen im Umgang mit den Protestanten zu beobachten hat, je nachdem diese aufrichtige, oder indifferente, oder fanatische propagandistische Glaubensgegner sind. Wir haben sodann im Besondern die Proselytenmacherei der protestantischen Fanatiker in ihren Zwecken und Mitteln, in ihren Broschüren, Traktätlein, in ihrem Seelenschacher, in ihren falschen Anschuldigungen und Angriffen, Vorurtheilen gegen die katholische Kirche gekennzeichnet, entlarvt, und den Katholiken zeitgemäße Waffen in die Hände gegeben, um sich gegen diese Proselytenmacherei und Propaganda zu schützen. Wir haben in all' diesen Erörterungen uns vorzugsweise an den Verstand der Katholiken gerichtet und zum Schluß noch ein Wort an das Herz derselben, besonders Jener gesprochen, die in nächster Gefahr schweben könnten, den Glauben ihrer Väter untreu zu werden.

Wo wir in dieser Schrift genöthigt waren, zur Abwehr solche Punkte zu berühren, welche die Protestanten verletzen könnten, da haben wir uns immer auf protestantische Schriftsteller selbst bezogen. Im Uebrigen benützten wir nur bewährte Quellen, namentlich auch die Schriften des päpstlichen Hausprälaten de Ségur, die wir im Urtext selbst nachgesehen und für unsere Schrift bearbeitet haben.

Möge Gottes Segen mit diesem „Rathgeber" walten, dann wird derselbe manchem Katholiken und vielleicht auch manchem Protestanten einen guten Rath zur That geben!

I. Ehemals und Jetzt.

Unsere Ahnen, welche Dreispitze und Degen, Kragen und Mantel getragen, würden gewiß nicht wenig erstaunen, uns, ihre Söhne, in sackartigen Röcken, langen weiten Hosen, runden, plumpen Hüten, mit der unausweichlichen Cigarre im Munde zu erblicken. Allein noch größer würde die Verwunderung sich steigern, wenn unsere Vorahnen, die einander oft wegen konfessionell-politischen Streitigkeiten mit Kanonenkugeln und Flintenschüssen todtschoßen, von einer Stadt in die andere jagten und verjagten und hie und da sozusagen wie Aussätzige behandelten, wenn sie sehen würden, wie jetzt ihre Söhne, trotz der Verschiedenheit der Konfessionen in dem gleichen Lande, in der gleichen Stadt, oft im gleichen Hause friedlich neben einander wohnen.

In der That, es ist eine große Aenderung im **öffentlichen** Leben eingetreten. Die **staatsrechtlichen** Verhältnisse zwischen den Angehörigen der christlichen Konfessionen haben heutzutage in den meisten Ländern eine ganz andere Gestaltung gewonnen als zur Zeit unserer Väter und Vorväter. Ehemals setzte das Staatsgesetz hohe Bedeutung auf die Staats-Konfession: um das Bürgerrecht einer Stadt zu erwerben, mußte man die Konfession derselben theilen; eine Aenderung der Konfession zog den Verlust des Bürgerrechts, hie und da sogar des Erbrechtes nach sich; die Niederlassung in einer Gemeinde, die Ausübung eines Gewerbes oder Handwerks, der Erwerb eines Hauses oder Grundstückes war an die Konfession gebunden; um in einem Staat zu einem weltlichen Amte, zu einer Würde zu gelangen, mußte man die Staatsreligion bekennen. Der Staat gestattete nur einen öffentlichen Kultus; die übrigen Konfessionen durften sich höchstens im Stillen, in einem Privathaus, bei verschlossenen Thüren, ohne Glockengeläute, ohne irgend ein öffentliches Zeichen versammeln. Die konfessionelle Ausschließlichkeit wurde nicht nur allein in kirchlichen und gemischten Verhältnissen, sondern selbst in rein-staatlichen auf das strengste durchgeführt, und das nicht

etwa nur in Ländern, welche die Glaubenseinheit bewahrt, son=
dern in solchen, wo bereits mehrere Konfessionen existirten und
gesetzlich geduldet wurden. Von allem dem will der moderne Staat nichts mehr
wissen. Die neueste Gesetzgebung kennt keine Staatsreligion; sie
frägt nach keinem Taufschein; sie sieht im Menschen nur den
Bürger und überläßt es Jedem, auf seine Art selig zu werden.
Schlußfolglich steht die Niederlassung, der Erwerb, die Ausübung
des Bürgerrechts, der Betrieb eines Handwerkes und Handels,
der Grundbesitz jedem Menschen ohne Rücksicht auf seine Kon=
fession offen, ja das Staatsgesetz verbietet sogar vielerorts den
Gemeinden ausdrücklich, hierin wegen der Konfession irgendwelche
Hindernisse zu setzen. Die moderne Gesetzgebung eröffnet jedem
Bürger den Zutritt zu den öffentlichen Aemtern und Würden
ohne Rücksicht auf die Konfession, sie belegt die Aenderung der
Konfession mit keinerlei Schwierigkeiten oder nachtheiligen bürger=
lichen Folgen. Sie garantirt jeder Konfession die öffentliche Aus=
übung ihres Kultus. Die neueste Gesetzgebung geht noch weiter;
sie gestattet und sichert den Angehörigen verschiedener Konfessionen
nicht nur das Nebeneinanderleben, sondern sie will dieselben sogar
zwingen, mit einander zu leben, indem sie dieselben nöthigt,
Misch=Schulen zu besuchen, indem sie die Misch=Ehen in Schutz
nimmt, indem sie Misch=Kirchhöfe erzwingt, bei jedem Anlaß der
konfessionellen Mischung Vorschub leistet, und alles spezial Kon=
fessionelle nicht nur aus dem Staats=, sondern sogar aus dem
Kirchenleben zu verdrängen, nicht nur den Staat, sondern auch
den Menschen konfessionslos zu machen strebt.

Wenn sich somit die Verhältnisse zwischen den Angehörigen
verschiedener Konfessionen auf dem politischen Gebiete bedeu=
tend geändert haben, so ist dieß nicht minder auch auf dem so=
zialen geschehen. Gleichwie die Benützung des Pulvers seiner
Zeit im Kriegswesen eine Umgestaltung hervorgerufen, so hat
die Benützung der Dampfkraft das soziale Leben umgestaltet.
Durch die Eisenbahnen, Dampfschiffe, durch die mit Dampf ge=
triebenen kolossalen Fabriken, Werkstätten und industriellen Eta=
blissements 2c. hat der Verkehr und Handel eine ganz andere
Richtung genommen, eine Richtung, welche sich über jede geogra=
phische, so auch über jede konfessionelle Schranke hinweggesetzt. Die
Menschen, welche ehemals an den heimathlichen Herd gebunden

waren, wandern von Stadt zu Stadt, von Land zu Land, von Erdtheil zu Erdtheil. Die ganze Welt ist dem strebsamen Menschen geöffnet und mehr und mehr wirft er sich auf die großen Zentralpunkte des Verkehrs, um da sein materielles Wohl zu finden und zu gründen. Die Grenzpfahle und Landesmarken sind gefallen, die menschliche Gesellschaft gleicht mehr und mehr einer rollenden Lawine, die, wie weiter sie sich wälzt, immer wie größer wird; die ganze Menschheit ist in fortwährender Bewegung und es ist eine Völkerwanderung neuer Art eingetreten.

Welch' ein Unterschied zwischen **Ehemals** und **Jetzt**! Wir wollen hier nicht untersuchen, ob das Ehemals oder das Jetzt besser sei, wir wollen nur die Thatsache feststellen, daß in Folge der bezeichneten politischen und sozialen Neuerungen heutzutage eine wesentliche Aenderung in den wechselseitigen Verhältnissen zwischen den Angehörigen verschiedener Konfessionen eingetreten ist und daß es eine unverantwortliche Blindheit wäre, wenn man **katholischer** Seits diese Aenderung nicht sehen oder mißkennen wollte.

Kein Katholik, auch der rechtgläubigste und eifrigste, kann heutzutage in einem paritätischen Land sich und die Seinigen von den Andersgläubigen so abschließen, daß er mit denselben in keine Berührung kommt; kein Katholik, der in einem paritätischen Lande lebt, kann heutzutage sagen, er wolle mit Protestanten in keinen Verkehr treten: er begegnet denselben tagtäglich in Handel und Wandel, im Erwerb und Gewerb, in dem Rathsaal, in der Gerichtsstube, in den Kranken- und Armenhäusern, in den Schulen und Akademien, in den öffentlichen und Familienzirkeln, selbst in seinem eigenen Hause.

Diese veränderte Lage überbindet aber dem Katholiken auch neue Pflichten. Mochte es für denselben **ehemals** genügen, seine Religion im Kreise der Seinen treulich zu üben, so muß er heutzutage bei dem vielseitigen unausweichlichen Verkehr mit den Andersgläubigen die wesentlichen Unterschiede zwischen der katholischen Kirche und der protestantischen Konfession kennen; er muß die Tragweite, die Geschichte, die Folgen dieser Unterschiede richtig erfassen; nicht um darüber mit den Andersgläubigen leichtfertige nutzlose Disputationen und Zankereien hervorzurufen, sondern um Red und Antwort zu geben, um vorkommenden Falls seine Konfession gegen Angriffe zu vertheidigen, und Vorurtheile, welche gegen die katholische Kirche walten, zu widerlegen; er muß endlich die Schliche und Fallstricke kennen, welche von der protestantischen Propaganda nur zu oft den Katholiken gelegt werden, um sich und andere davor zu wahren; er muß überhaupt wissen, welche Stellung er im Umgang und Verkehr mit Andersgläubigen einzunehmen hat, um einerseits nicht aus Indifferenz oder Menschenfurcht seinen eigenen Glauben preiszugeben und um anderseits nicht gegen die christliche Liebe, welche auch die Andersgläubigen umfaßt, sich zu verfehlen.

II. Unterscheidungen.

1. Zwischen Katholik und Protestant.

Gar oft hört man den Spruch: „Katholik oder Protestant soll für uns einerlei sein." In einer Beziehung liegt hierin eine Wahrheit, nämlich in Beziehung auf die Liebe; die Katholiken und Protestanten sind Menschen, und für alle gilt das erste und höchste Gebot Christi: „Du sollst Gott über Alles, deinen Mitmenschen wie dich selbst lieben."

Allein in anderer Beziehung liegt hierin eine Unrichtigkeit, nämlich in Beziehung auf den Glauben.

Der Katholik — um hier nur einige Beispiele anzuführen — hat zur Richtschnur seines Glaubens die Lehre seiner vom Geiste Gottes geleiteten Kirche, der Protestant verwirft diese Kirche und ihre Autorität und will nur die Bibel und zwar die Bibel nur so, wie er selbst sie auslegt, anerkennen.

Der Katholik glaubt an den freien Willen des Menschen und daß er der Gnade Gottes durch seine guten Werke mitwirken müsse. Der Protestant glaubt an die Vorbestimmung und verwirft die Mitwirkung der guten Werke.

Der Katholik glaubt an sieben heilige Sakramente und schöpft aus denselben das christliche Leben, vorzüglich aus dem Empfang der Sakramente der Buße und des Altars; der Protestant verwirft diese beiden und noch mehrere andere, in neuester Zeit beinahe alle Sakramente.

Der Katholik verehrt die Heiligen und ruft ihre Fürbitte an; der Protestant sieht hierin Abgötterei.

Der Katholik verehrt den Papst als den Stellvertreter Christi, und Nachfolger des Apostelfürsten Petrus; der Protestant sieht in ihm einen Usurpator, einen Feind des Evangeliums.

Der Katholik hält die Lehrsätze seiner Kirche für unveränderlich und unfehlbar, so daß er alle ohne Ausnahme annimmt; der Protestant protestirt in Folge seiner freien Forschung nicht nur gegen jene katholischen Lehrsätze, welche er bereits früher verworfen, sondern er behält sich das Recht vor, auch fortwährend gegen solche zu protestiren, welche er früher als wahr angenommen hat, falls er durch erneuerte Forschung sie unwahr findet. In der That, in der neuesten Zeit treffen wir auf den protestantischen Fakultäten Deutschlands, Frankreichs, Amerika's rc. eine stets zunehmende Anzahl von Professoren und Pastoren, welche selbst gegen die Gottheit Christi protestiren.

Diese wenigen Unterscheidungslehren, die uns im Verlauf dieser Schrift noch wiederholt und einläßlich beschäftigen werden, und die wir dahier nur beispielsweise anführen, genügen, um zu zeigen, daß „Katholik und Protestant" in Beziehung auf den Glauben nicht einerlei ist und für uns Katholiken daher auch nicht einerlei sein darf.

2. Zwischen Protestant und Protestantismus.

Sind Protestanten und Protestantismus gleich bedeutend? Keineswegs! antwortet hierauf der päpstliche Hausprälat Msgr. Segur; die Protestanten sind Menschen, welche Gott liebt, wie er überhaupt alle Menschen liebt; Menschen, für welche unser Herr und Heiland, wie für alle Andern den Tod gelitten, daher Liebe unsern Mitbrüdern!

Der Protestantismus dagegen ist ein Widerspruch, eine Verneinung, ein Protest gegen die katholische Kirche, und zwar ein nach Zeit und Ort veränderlicher aber fortwährender Protest. Der Protestantismus hat vor drei Jahrhunderten in anderer Weise gegen die Kirche protestirt als gegenwärtig; er ist heutzutage ein anderer in Paris als in London, in Genf als in Berlin, in Zürich als in New-York, sogar in jedem Tempel, in jedem Kopfe eines Pastors ist er ein anderer; aber immerhin protestirt er gegen die katholische Kirche, gegen ihre Lehren, gegen ihre Heilmittel, gegen ihre Autorität; je mehr und je konsequenter er Protestant ist, desto mehr muß er protestiren.

Der Protestantismus protestirt, aber nicht alle Protestanten protestiren. Der Protestant ist nicht nur in Beziehung auf Liebe, sondern auch auf Glauben in der Regel viel besser als sein Protestantismus; gar oft ist er sogar nur dem Namen nach Protestant und was ihm in religiöser Beziehung mangelt, darf mehr seiner Erziehung und der protestantischen Sphäre, in welcher er lebt und schwebt, als irgend einer persönlichen, strafbaren Gesinnung zugeschrieben werden. Viele Protestanten leben in guter Treue und Gott wird diesen Barmherzigkeit erweisen, wenn sie nach Kräften inmitten ihrer Ruinen die Spuren der Wahrheit aufsuchen und betreten.

Bei den Katholiken ist dies leider umgekehrt. Oft sind Katholiken schlecht, während der Katholizismus immer gut ist; solche Katholiken glauben, daß ihre Kirche die Wahrheit lehrt, aber sie leben nicht nach diesem Glauben und geben dadurch den Protestanten Anlaß zur Mißkennung, indem diese die katholische Religion nicht nach der Lehre der Kirche, sondern nach dem Leben der Katholiken zu beurtheilen gewohnt sind. *)

3. Zwischen Protestant und Protestant.

Molière läßt in einem seiner Lustspiele einen Holzhacker sagen: „Es gibt Reisbündel und Reisbündel" und so müssen wir auch sagen: Es gibt Protestanten und Protestanten, wie es auch Katholiken und Katholiken gibt.

Es gibt unter den Protestanten 1) „Fanatiker," welche zum hartnäckigen Kampfe gegen die katholische Kirche stets gerüstet sind, welche nichts Höheres als ihre Sekte kennen, und die daher fortwährend Propaganda treiben und denen jedes Mittel zur Proselytenmacherei willkommen ist. Es gibt 2) „Indifferenten," die sich wenig um das bekümmern, was die Pastoren predigen, und die vielleicht nicht einmal wissen, welcher der hundert Sekten sie im Grunde angehören. Es gibt 3)

---

*) I. Thl., Abthlg. II., IV.

„aufrichtige Protestanten," welche in guter Treue handeln und ihre Christenpflicht nach bestem Wissen erfüllen.

Die Ersteren sind Sektirer im eigentlichen Sinne des Wortes, unermüdliche Gegner, deren blinder Eifer jede Maske annimmt, und die man daher nothwendiger Weise entlarven muß. Sie rekrutiren sich vorzüglich in der Reihe jener Protestanten, für welche der Protestantismus ein Beruf, wenn nicht gar ein Handwerk ist, sowie in der Reihe jener Politiker, denen der Protestantismus ein Werkzeug für ihre Parteizwecke bildet.

Die Zweiten sind weder Freunde noch Feinde, sie gehören meistentheils der Klasse der Industriellen, der Kaufleute, der Bürger und Landleute an, von denen viele nur deßwegen Protestanten sind, weil ihre Eltern es auch waren; die sich die Mühe nicht nehmen, in die Confessionsfragen tiefer einzudringen; die sich begnügen, die Religion der sogenannten rechtschaffenen Leute oder aber auch gar Keine zu haben, wenigstens dieselbe nicht stark zu üben.

Die Dritten endlich wollen vor Allem und in Allem Christen sein: sie beobachten auf eine erbauliche Weise die Vorschriften des Eigenthums, so gut sie dieselben zu erfassen vermögen, und streben nach dem evangelischen Leben. Diese schönen, edlen Seelen sind zwar äußerlich von der katholischen Kirche getrennt, allein im Geiste gehören sie der Kirche an; ihr Glauben und ihre Tugenden sind katholisch; sie sind Katholiken, ohne es zu wissen und würden, wenn sie es begriffen, gerne auch äußerlich dem Schooße der katholischen Kirche angehören. Sie sind gute Christen, nicht weil, sondern obschon sie äußerlich Protestanten sind; der Einfluß des Protestantismus beschränkt sich bei ihnen darauf, daß er sie eines Theils der religiösen Heilsmittel beraubt, welche ihnen, wären sie im Schooße der katholischen Kirche geboren, offen stünden. Wie viel vollkommener würden diese aufrichtigen, gewissenhaften Protestanten erst noch sein, wenn sie volle und sichere Gewißheit in Glaubenssachen, wenn sie einen vollständigen, belebenden Kultus, wenn sie die Gnadenmittel der hl. Sakramente, besonders der Buße und des Altars, wenn sie die Fürbitte der Heiligen und so viele andere Gnadenschätze besäßen, welche die katholische Kirche ihren Kindern spendet! Mit diesen mächtigen Hülfsmitteln ausgerüstet, würden sie — Heilige werden. „Die Katholiken haben Heilige —

„sagt Lavater von Zürich — ich kann es nicht läugnen;
„und wir haben keine, wenigstens keine, welche sich mit
„denen der Katholiken vergleichen lassen." *)

III. Allgemeine Regeln,

welche aus diesen Unterscheidungen bezüglich des Umgangs
mit Protestanten folgen und zwar: 1) mit **aufrichtigen**,
2) mit **indifferenten** und 3) mit **fanatischen** Protestanten.

Wenn zwischen Katholik und Protestant, zwischen Protestant
und Protestantismus, zwischen Protestant und Protestant ein
Unterschied ist, so fordert die Vernunft von uns, daß wir diesen
Unterschied nicht nur im Grundsatz erkennen, sondern im Leben
auch beachten.

Wenn zwischen Katholik und Protestant ein Unterschied
ist, so folgt daraus, daß wir Katholiken das Licht unseres von
den Vätern ererbten Glaubens gegenüber den Protestanten nicht
unter den Scheffel stellen dürfen, sondern dasselbe in seinem
vollen Glanze, d. h. in Wort und That leuchten lassen müssen.

Wenn zwischen Protestant und Protestantismus ein
Unterschied ist, so folgt daraus, daß wir Katholiken Dasjenige,
was der Protestantismus uns allenfalls zu leide thut, nicht den
Protestanten vergelten dürfen, sondern daß wir auch die Prote=
stanten trotz dem Protestantismus lieben müssen, daß wir mit
Jenen, mit welchen wir im Glauben nicht einig gehen, wenig=
stens in der Liebe einig sein sollen. **)

Wenn zwischen Protestant und Protestant ein Unter=
schied ist, so folgt daraus, daß wir im Umgang mit den Anders=
gläubigen nicht alle gleich behandeln dürfen und sollen, sondern
daß wir unser Betragen nach diesem Unterschiede einzurichten
haben.

---

*) Lavater, Brief an den Grafen v. Stollberg.
**) Ausspruch des deutschen Episkopats auf der Würzburger Versamm=
lung Anno 1849.

Die Pflichten eines Katholiken sind anders im Umgang mit einem **aufrichtigen** Protestanten, anders im Umgang mit einem **indifferenten** und wieder anders im Umgang mit einem **fanatischen**; besondere Stellungen und Verhältnisse auferlegen besondere Pflichten. Diese besondern Pflichten gegen diese drei Arten von Protestanten wollen wir nun hier besonders erforschen. Wie haben wir uns mit **aufrichtigen**, wie mit **indifferenten**, wie mit **fanatischen** Protestanten im Allgemeinen zu benehmen?

1. Mit aufrichtigen Protestanten.

Ein Katholik, welcher seine Religion gründlich kennt und treulich übt, kann unter Umständen durch den Umgang mit **aufrichtigen** Protestanten, welche im Grunde zur Kirche gehören und nur äußerlich von ihr getrennt sind, Gutes stiften, sofern dieser Umgang mit den erforderlichen Rücksichten stattfindet. Diese Rücksichten beziehen sich sowohl auf den protestantischen als auf den katholischen Theil. Der Katholik soll, bevor er sich mit Protestanten näher einläßt, reiflich prüfen, ob dieselben in guter Treue Belehrung und Rath bei ihm suchen, oder ob vielleicht andere Beweggründe und Absichten unterlaufen; er soll daher vor allem sich überzeugen, ob dieselben wirklich in die Klasse der Aufrichtigen gehören? Im Umgang mit solchen Protestanten soll er so verfahren, daß er andere schwächere Katholiken nicht ärgert, bei denselben keinen Zweifel über seine eigene Glaubenstreue anfacht. Im fortgesetzten Umgang mit denselben soll er desto inniger an seine Mutterkirche sich anschließen, damit die Gnade des Glaubens ihm erhalten bleibe. Bezüglich des **protestantischen** Theils soll der Katholik dem aufrichtigen Protestanten sich nicht **aufdringen**. Die katholischen Theologen, welche mit gewissenhaften Protestanten vielfach verkehrt, sind in ihrer auf Erfahrung gestützten Ansicht einig, daß solche Seelen von Seite übereifriger Katholiken nur verletzt werden. Wenn aufrichtige Protestanten uns über konfessionelle Punkte befragen, so haben wir die Pflicht, denselben nach bestem Wissen und Gewissen Aufschluß zu geben, oder sie, falls wir selbst dieses nicht thun können, an solche Personen zu weisen, die vermöge ihrer Stellung oder ihrer Bildung hiezu befähigt sind. Katholiken, welche in der katholischen Religion selbst keinen gründlichen Unterricht empfangen, oder die in der Jugend erhaltene Kenntniß wieder verloren haben, sollen sich nicht anmaßen, den aufrichtigen Protestanten die katholische Lehre erklären zu wollen; sie setzen sich der Gefahr aus, durch unrichtige Darstellung mehr zu schaden als zu nützen; solche Katholiken sollen sich darauf beschränken, durch ihr christliches Leben die Protestanten zu erbauen, bezüglich der Lehre aber dieselben an die katholischen Priester zu weisen.

Katholische Laien dürfen überhaupt im Umgang mit Protestanten nicht vergessen, daß in der katholischen Kirche ein Lehramt ist und daß Gott nicht den Laien, sondern den Priestern die Sendung gegeben hat: „Gehet hin in alle Welt und lehrt „sie Alles, was ich Euch gesagt habe."

2. Mit indifferenten Protestanten.

Es ist ein allgemeiner Satz der Erfahrung, daß der Umgang mit Lauen selbst lau macht. Es darf daher im Allgemeinen angenommen werden, daß der Katholik durch den Umgang mit indifferenten Protestanten in konfessioneller Beziehung für seinen Theil wenig Nutzen ziehen und dem andern Theil wenig Nutzen bringen werde. Da jedoch die Zeit- und Ortsverhältnisse für Viele diesen Umgang nothwendig machen, so ist wenigstens darauf zu sehen, daß derselbe für keinen Theil schädlich werde.

Der indifferente Protestant unterscheidet sich von dem gewissenhaften und von dem fanatischen dadurch, daß er weder für sich eine konfessionelle Ueberzeugung hat, noch andere für seine Konfession zu gewinnen sucht; er weiß selbst nicht gründlich, was er will; er weiß höchstens, daß er das Katholische nicht will, am Ende aller Ende, daß er gar Nichts will.

Der Katholik hat im Umgang mit solchen indifferenten Protestanten in der Regel keine besondern Angriffe auf einzelne Punkte seiner Kirche zu gewärtigen; denn dieselben huldigen durchschnittlich dem Grundsatz, daß zwar jede Konfession gut sein könne, daß aber gar keine Konfession noch besser wäre; hingegen ist bei einem solchen Umgang zu gefahren, daß dadurch der Katholik die Uebung des katholischen und der Protestant die des protestantischen Kultus nach und nach vollends aufgeben und am Ende der Eine und der Andere gar keine Kirche mehr besuchen werde.

Bei solchem Umgange dürften daher folgende Verhaltungs=
regeln gelten:

Der Katholik mache es sich zur Pflicht, desto fleißiger den
Gottesdienst zu besuchen, die hl. Sakramente zu empfangen und
die Vorschriften seiner Kirche zu beobachten; er wird dadurch
nicht nur sich im Glauben stärken, sondern durch das Beispiel
auch für den Indifferenten predigen.

Wenn der Indifferente in dem Gespräche sich über das
Konfessionelle hinwegsetzt, wohl gar über die Unterscheidungslehren
der verschiedenen Konfessionen lächelt, über Priester und Pastoren
vornehm die Achseln zuckt; so spreche der Katholik sein Miß=
fallen offen aus, aber mit Würde, Liebe und Kürze; den faden
Witzeleien darf er ein ernstes Stillschweigen entgegensetzen und
seine Mißbilligung dadurch bezeugen, daß er seinerseits das Ge=
spräch in diesem Tone nicht aufnimmt, sondern abbricht. Dieses
hat nach unserer Ansicht zumal dann zu geschehen, wenn solche
Gespräche in Lokalen und Gesellschaften angesponnen werden
wollen, die sich ihrer Natur nach für ernsthafte, würdige, religiöse
Erörterungen nicht eignen, wie Wirthschaftslokale, Kaffeehäuser,
Eisenbahnwagen, Zeitungszirkel, Theater u. dgl. Eine kurze,
mißbilligende Antwort und dann Schweigen dürfte unter solchen
Umständen in der Regel das Gemessenste sein.

Wenn aber der Indifferente in ernsten Lagen des Lebens,
in Stunden reiflichen Nachdenkens, in Tagen persönlichen Un=
glücks und harter Schicksalsschläge, die in der Regel keinem Men=
schen ganz fehlen, in der Stimmung und Fassung ist, das Leere
seiner Konfessions= und Religionslosigkeit zu fühlen, dann darf
und soll der Katholik, falls der Protestant ihm Veranlassung
dazu bietet, der würdigen Erörterung nicht ausweichen, sondern
nach bestem Wissen und Gewissen die Gehaltlosigkeit und das
Verderbliche des konfessionellen Indifferentismus nachweisen.

Der Katholik kann in solchen Fällen vorzugsweise folgende
zwei Fundamentalpunkte betonen:

A. Zwei sich widersprechende Konfessionen
können nicht zugleich wahr sein.

Da die Religion — bemerkt Segür — die Kenntniß und
der Dienst des einzig wahren Gottes ist, so kann sie nothwendig
auch nur Eine sein, wie Gott nur Einer ist. Es gibt nur

einen Gott, nur eine Wahrheit, nur einen Christus, nur einen Glauben, nur eine wahre Religion.

Diejenigen, welche daher im vorliegenden Fall behaupten, man finde die wahre Religion Jesu Christi sowohl im Protestantismus als in der katholischen Kirche, sind entweder Ungläubige, die sich nicht um die Wahrheit bekümmern, oder Unwissende, welche reden, ohne zu prüfen.

Die katholische und protestantische Konfession sind einander, wie wir gesehen, grundsätzlich entgegengesetzt und widersprechend: dessen ungeachtet behaupten zu wollen, daß beide zugleich wahr sein können, heißt behaupten wollen, daß Ja und Nein zugleich wahr seien, daß zwei Menschen, welche über den nämlichen Punkt, zu gleicher Zeit, am gleichen Ort das Gegentheil bezeugen, zugleich im Rechte seien.

Nur ein Beispiel. Die katholische Kirche lehrt die wahre und wesentliche Gegenwart Jesu Christi im allerheiligsten Altarssakramente, die protestantischen Sekten — beinahe ohne Ausnahme — läugnen dieselbe und beschuldigen die katholische Kirche wegen dieser Lehre der — Abgötterei. Eine der beiden Konfessionen muß sich also nothwendiger Weise in diesem Punkte täuschen. Nun aber kann doch eine Religion, welche sich auch nur in einem Punkt täuscht, unmöglich die wahre sein und ebensowenig kann es gleichgültig sein, ob der Mensch die wahre oder die falsche Konfession bekenne.

Hieraus hat der Katholik den Schlußsatz zu ziehen:

B. Man soll das Sichere wählen.

Die Mutter Melanchthon's, eines der berühmtesten Schüler Luthers, war von ihrem Sohne, sagt man, auch zur Partei der Reformation hinübergezogen worden. Auf dem Todbette habe sie nun denselben feierlich gefragt: „Auf dein Antreiben, mein Sohn! habe ich die katholische Kirche verlassen und bin zur neuen Religion übergetreten. Nun da ich auf dem Punkte stehe, vor Gott zu erscheinen, beschwöre ich dich im Namen dieses lebendigen Gottes mir ohne Hehl zu sagen, in welcher Religion ich sterben soll?" Melanchthon neigte sein Haupt und verharrte einige Augenblicke im Stillschweigen. Die Kindsliebe kämpfte in ihm mit dem Stolze des Sektenhäuptlings. — Endlich antwortete er: „Mutter, die protestantische Lehre ist die bequemere; die „katholische hingegen die sicherere." — Die Wahrheit dieser

Anekdote wird zwar von protestantischen Schriftstellern angestritten, aber unbestritten und ganz gewiß hingegen ist, daß Melanchthon, als seine Mutter ihm bei einem Besuche in Bretten ihre Zweifel über die Religionsstreitigkeiten vortrug, dieselbe ermahnte, sich nichts um dieselben zu bekümmern, sondern in ihrer alten Weise zu beten und in ihrem alten Glauben zu verharren. Würde er seiner Mutter diesen Rath ertheilt haben, wenn er die katholische Religion nicht für durchaus sicher, ja wohl für die sicherere gehalten hätte?

Wenn die katholische Religion die sicherere ist, so darf man sie nicht verlassen, um zu einer weniger sichern überzugehen. — Diese so natürliche und vernunftgemäße Schlußfolgerung ist es auch, welche Heinrich IV. bewog, katholisch zu werden.

Zu St. Denis wurde in Gegenwart des Königs und des ganzen Hofes ein Religionsgespräch gehalten. Die Gegner waren einerseits mehrere katholische Theologen, andererseits die Pastoren Duverdier, Morlas, Salette und andere.

Als der König bemerkte, sagt der Geschichtsschreiber Péréfixe *), daß einer der Pastoren nicht zu läugnen wagte, man könne auch in der katholischen Kirche selig werden, so ergriff er das Wort und sprach: „Wie! Sie geben zu, daß man in der „römischen Kirche sein Heil wirken könne?" Der Pastor antwortete, es sei daran gar nicht zu zweifeln, vorausgesetzt, daß man einen rechtschaffenen Lebenswandel führe.

„Und Sie, meine Herren," sagte darauf der König zu den katholischen Doktoren, „glauben Sie, daß ich mein Heil wirken könne, wenn ich Protestant bleibe." „Wir glauben und wir er„klären Ihnen, Sir, erwiderten diese, daß, nachdem Sie einmal „die wahre Kirche erkannt haben, sie verpflichtet sind, in dieselbe „einzutreten und daß es für Ihre Seele in dem Protestantismus „kein Heil mehr geben kann."

Hierauf entgegnete der König folgerichtig, indem er sich an die Pastoren wendete: „Die Vernunft fordert also, daß ich mich „zur katholischen und nicht zur protestantischen Konfession bekenne; „denn in jener kann ich nach dem Urtheile beider Theile mein „Seelenheil finden; in dieser aber nur nach der Ansicht des

---

*) Geschichte Heinrich des IV.

„einen Theils; die Vernunft gebietet mir also, daß ich das „Sichere wähle." — Und Heinrich verließ die protestantische Religion und kehrte zu der Kirche seiner Väter zurück.

3. Mit fanatischen Protestanten.

Wenn unter gewissen Rücksichten der Umgang mit gewissenhaften und aufrichtigen Protestanten nützlich, derjenige mit indifferenten gleichgültig sein kann, so dürfte derjenige mit fanatischen gemeinhin weder nützlich noch gleichgültig sein.

Dem fanatischen Protestanten geht in der Regel der Sektengeist über Alles, er sucht vor Allem und in allem den Triumph seiner Sekte, er macht vor Allem Propaganda, treibt überall Proselytenmacherei; er ist durch und durch Sektirer und will nicht nur für sich Protestant sein, sondern die katholische Kirche um jeden Preis und um jedes Mittel vernichten.

Wenn zwischen Katholiken und gewissenhaften Protestanten sogar freundschaftliche, zwischen Katholiken und Indifferenten neutrale Beziehungen bestehen können, so setzt sich der fanatische Protestant gegen den Katholiken in einen fortwährenden Kriegszustand; er greift den Katholizismus und die Katholiken fortwährend durch geistige und materielle Mittel an und zwingt den Katholiken zu einer fortwährenden Vertheidigung.

Da nun heutzutage der Katholik durch Zeit- und Ortsverhältnisse oft gezwungen ist, auch mit fanatischen Protestanten im Verkehre zu stehen und neben und mit denselben zu leben, so muß er die nöthigen Waffen besitzen, um sich gegen die offenen und verdeckten Angriffe dieser Sektirer vertheidigen zu können.

Der Katholik hat den Kampf mit solchen Leuten nicht zu suchen, aber angegriffen, hat er denselben auch nicht zu scheuen: er soll die Rüstung der Wahrheit anziehen, und dieselbe mit Muth und mit Liebe gebrauchen.

Wenn man einen glücklichen Kampf führen will, so muß man die Streitart des Gegners kennen und die rechten Mittel zur Abwehr wählen. Wir wollen in folgenden Artikeln die vorzüglichern offenen und geheimen Angriffe der fanatischen Protestanten erörtern und die Waffen zur Widerlegung und Abwehr

bezeichnen und so dem Katholiken die wichtigern Verhaltungs=
regeln und Schutzmittel für den Umgang mit fanatischen Pro=
testanten an die Hand geben.

IV. Propaganda und Proselytenmacherei
der fanatischen Protestanten im Gegensatz zur katholischen Kirche.

Daß eine Konfession die Zahl ihrer Anhänger nicht nur zu
erhalten, sondern möglichst zu mehren sucht, ist erklärlich; allein
durch diese Vermehrung soll der Sieg des Reiches Gottes und
nicht der Sieg einer Sekte bezweckt, und dieser Zweck soll nicht
durch unlautere Mittel, List, Verführung, Gewalt, sondern durch
Belehrung und Ueberzeugung angestrebt werden.

Es ist nun allerdings Thatsache, daß sowohl Katholiken als
Protestanten neue Anhänger sich zu verschaffen bestreben; allein
es liegt in diesem Streben, wie es von der katholischen Kirche
und wie es von der fanatischen (wohlgemerkt, nicht von den auf=
richtigen, gewissenhaften) Protestanten aufgefaßt und geübt wird,
ein so himmelweiter Unterschied sowohl in Beziehung auf Zweck
als Motive, daß wir diesen Punkt hier näher erörtern müssen.

Wir zeigen zu diesem Ziele A. den grundsätzlichen und
B. den thatsächlichen Unterschied zwischen der Konversion
(d. h. dem Konfessions=Wechsel) eines Katholiken und eines
Protestanten und ziehen hieraus die zu treffenden Schlußfol=
gerungen über den Zweck und die Motive der protestantischen
Propaganda.

Unterschied zwischen katholischen und protestantischen Konversionen.

A. Wenn die katholische Kirche durch ihre Bischöfe und
Priester den Gläubigen die protestantische Propaganda als etwas
Gehässiges darstellt und sie vor derselben warnt, so erheben die
fanatischen Protestanten in ihren Zeitungen und Organen ein
Zettergeschrei und werfen der katholischen Kirche vor, sie habe

doppeltes Maaß und Gewicht, indem sie andern verbiete, was sie selbst seit ihrem Ursprung immer gethan habe. Die Widerlegung dieser Beschuldigung ergibt sich von selbst aus dem verschiedenartigen grundsätzlichen Standpunkt, auf dem die katholische Kirche und die protestantischen Sekten stehen. Die protestantischen Sekten anerkennen, daß man in der katholischen Kirche sein Heil wirken könne; die katholische Kirche hingegen hat immer gelehrt, sie einzig besitze die wahre Religion und um ein Kind Gottes zu sein, müsse man ihr angehören.

Die protestantischen Proselytenmacher treten also mit ihren eigenen Grundsätzen in Widerspruch, wenn sie der katholischen Kirche Seelen zu entreißen suchen; die katholische Kirche hingegen würde sich mit den ihrigen in schnurgeraden Widerspruch setzen, wenn sie diejenigen, welche sich von ihrer Heerde getrennt haben, nicht wieder zur Einheit zurückzuführen suchte. Wenn die katholische Kirche einen Protestanten zu bekehren und wieder zu ihrem Glauben zurückzubringen sucht, so läßt sie ihm alle Wahrheiten, welche er schon besitzt, und ertheilt ihm überdieß diejenigen, welche ihm noch mangeln. Er ist ein halbbekleideter Mann, den sie vollständig kleidet; was er schon hatte, vereint mit dem, was die katholische Kirche ihm gibt, macht ihn dann zum vollständigen Christen.

Das Gegentheil geschieht, wenn die protestantische Propaganda eine Seele der katholischen Kirche zu entreißen strebt, sie nimmt ihr einen Theil ihres Glaubens, ohne ihr irgend einen Ersatz dafür zu geben. Es ist eine von den aufrichtigen Protestanten selbst eingestandene Thatsache, daß sie den Katholiken keine Glaubenswahrheiten mittheilen können, welche diese nicht selbst schon besäßen. Ja noch mehr, sie gestehen ein, daß sie Alles, was sie noch Christliches haben, eben der katholischen Kirche verdanken. Hören wir, was Luther, dieser stürmische Patriarch der Reformation, selbst hierüber sagt. Im Religionsgespräche von Marburg *) machte ihm Zwingli den Einwurf, das Dogma von der wahren Gegenwart Jesu Christi im allerheiligsten Altarssakramente sei ein papistisches Dogma. „Aber in diesem „Falle," entgegnete ihm Luther, mußt du dann auch

---

*) Berühmte Disputationen zwischen Luther und Zwingli. — Luther vertheidigte gegen seine Gegner das Dogma der Eucharistie.

„die ganze Bibel und das ganze Predigtamt ver=
„werfen, denn wir haben dieses Alles ebenfalls
„von dem Papstthume her. Wir aber behaupten
„geradezu, daß im Papstthum viel christlich Gutes,
„ja alles christliche Gute enthalten und von dort
„an uns gekommen ist. Wir behaupten, daß im
„Papstthum die rechte heilige Schrift, die rechte
„Taufe, das rechte Sakrament des Altars, die
„rechte Schlüsselgewalt zur Nachlassung der Sün=
„den, das rechte Predigtamt, der rechte Katechis=
„mus, — das Gebet des Herrn, die Glaubensar=
„tikel, die zehn Gebote Gottes sind. Ja ich behaupte
„noch über das: Im Papstthum ist das rechte Chri=
„stenthum. *)"

Aus diesem Geständnisse, daß die katholische Kirche das wahre Christenthum hat, folgt doch wohl nothwendig, daß die protestantische Proselytenmacherei grundsätzlich unbegründet ist, indem sie dem Katholiken die Wahrheit nur nehmen, aber nicht geben, das Reich Gottes in ihm nicht mehren, sondern nur min= dern kann.

Dieß zeigt uns noch deutlicher folgende Vergleichung.

Der katholische Glaube, wie er seit 18 Jahrhunderten un= verändert von der Kirche gelehrt wird, besitzt eine gewisse Anzahl positiver Lehrsätze, wie z. B. von der Einheit Gottes, von der allerheiligsten Dreifaltigkeit, von der Mensch= werdung, von der wahren Gegenwart Jesu Christi im heiligen Altarssakramente, vom Primat des Papstes 2c. 2c.

---

*) Hier der Original=Text dieses so schlagenden Geständnisses. (Lu= thers Werke, protestantische Ausgabe von Jena, p. 408—409.)
Hoc enim facto negare oporteret totam quoque Scripturam Sacram et praedicandi officium: Hoc enim totum a Papa habemus. Nos autem fatemur, sub papatu plurimum esse boni christiana, imo omne bonum christianum atque etiam illinc ad nos devenisse. Quippe fatemur in papatu veram esse Scripturam Sacram, verum Baptisma, verum Sacramentum al= taris, veras claves ad remissionem peccatorum, verum praedi= candi officium, verum catechismum, ut sunt: Oratio Dominica, articuli fidei, decem praecepta. Dico insuper, in Papatu verum Christianismum esse.

Nehmen wir, um in Zahlen zu sprechen, für einen Augenblick an, es gebe etwa fünfzig solcher Lehrsätze oder Dogmen; so glaubten also bis zum Anfange des zehnten Jahrhunderts, bis wohin immer nur noch ein einziger christlicher Glaube existirte, alle Christen an fünfzig Glaubenssätze.

Als im zehnten Jahrhundert die griechische Kirche das Hervorgehen des heil. Geistes vom Vater und Sohne und die Suprematie des Papstes verwarf, so hatte sie also nur noch achtundvierzig Glaubenssätze. Wir glauben daher Alles, was die Griechen glauben, während sie zwei Wahrheiten, welche wir glauben, nicht annehmen.

Die protestantischen Sekten des sechszehnten Jahrhunderts gingen noch viel weiter und verwarfen andere Dogmen. Von fünfzig Glaubenssätzen verwarfen die einen zwanzig, die andern dreißig und wieder andere behielten nur eine geringe Zahl derselben bei. Aber was sie beibehielten, viel oder wenig, wir besitzen es so gut wie sie. Was immer der Protestantismus in Wahrheit noch glaubt, das glaubt die katholische Religion ebenfalls. Dieser Punkt ist unbestreitbar.

Diese Sekten alle sind also keine positiven Religionen, indem sie nur durch Verwerfung oder Läugnung dieses oder jenes Dogma's entstanden sind. Sie sind bloße Verneinungen, das heißt, sie sind an und in sich selbst Nichts, denn sobald sie zu verneinen aufhören, sind sie katholisch.

Der Schluß, welcher hieraus folgt, ist sonnenklar. Jeder Katholik, welcher zu einer protestantischen Sekte übertritt, erleidet grundsätzlich einen Verlurst, denn er gibt Glaubenssätze preis und läugnet heute, was er gestern glaubte, während im Gegentheil der Protestant, welcher zur Kirche zurückkehrt, kein Dogma preisgibt; er verläugnet nichts von dem, was er vorher richtig glaubte, im Gegentheil, er glaubt, was er vorher läugnete. So urtheilt und schließt *de Maistre*.

B. Es ist aber nicht nur **grundsätzlich**, sondern auch **thatsächlich** ein großer Unterschied zwischen dem Religionswechsel eines Katholiken und eines Protestanten. Es zeigt sich dies am besten, wenn wir thatsächlich untersuchen, **welche Katholiken** gewöhnlich **protestantisch** und welche **Protestanten** gewöhnlich **katholisch** werden.

Welche Katholiken werden gewöhnlich — protestantisch?

Diese Frage beantwortet de Segür in folgender Weise: Seltene Fälle ausgenommen, die man nur aus gänzlicher Unkenntniß der katholischen Religion und des Protestantismus erklären kann, behaupte ich, daß noch nie ein Katholik, der wahrhaft christlichen oder auch nur ehrenhaften Motiven folgte, Protestant geworden ist.

Ich habe viele sogenannte Katholiken gekannt, welche zum Protestantismus übergingen.

Der eine war ein liebenswürdiger, talentvoller junger Mensch, aber närrisch in die Tochter eines Pastors verliebt, daher sein sehnlichster Wunsch, Protestant zu werden, und daher seine **uninteressirteste** Ueberzeugung von der Vortrefflichkeit dieser Sekte!

Ein anderer war katholischer Priester gewesen, hatte alle seine Pflichten vernachlässiget und sich einem so lasterhaften Lebenswandel ergeben, daß sein Bischof sich genöthigt sah, ihn zu interdiziren. Jetzt ist er protestantischer Pastor.

Eine dritte, eine junge, deutsche Erzieherin, welche sich gedemüthigt fand, in einer fremden Familie zu leben und welcher die Protestanten unter der Bedingung der Glaubensänderung eine vortheilhafte Stellung anboten, schrieb mir selbst, indem sie mir ankündete, daß sie dieses Anerbieten annehme: „**Koste es, was es wolle, ich will ein eigenes Haus haben.**"

Das sind nur einzelne Müsterchen, wie es thatsächlich zugeht; die Motive dieser vorgeblichen Bekehrungen zum Protestantismus sind so bekannt, daß die gewissenhaftesten Protestanten selbst vor allen andern darüber seufzen. Einer ihrer Schriftsteller erklärt unverholen: **der Protestantismus ist der Kanal, durch welche der Katholizismus seinen Unrath ableitet** und ein Anderer fügt bei: **Wenn der Papst seinen Garten ausjätet, wirft er sein Unkraut über unsere Mauern.** *)

„Während die katholische Kirche," sagt ein protestantisches Schweizerblatt **), „in einem fort die gelehr-

---
*) Dean Swift. Dieses Wort ist in England zum Sprichworte geworden.
**) Durch ‚Univers' vom 27. Oktober 1849 angeführt.

testen, aufgeklärtesten und tugendhaftesten Protestanten an sich zieht, sieht sich unsere reformirte Kirche einzig darauf beschränkt, einige üppige, weibersüchtige Mönche und Priester zu rekrutiren."

Und wirklich seit den Zeiten Luthers, Calvins, Zwingli's, Oekolompad's, Bucer's 2c., welche alle von ihren Bischöfen interdizirte oder ausgesprungene Priester und Mönche waren, — folgen noch immer schlechte katholische Priester ihren Fußstapfen, werfen sich in die Arme der protestantischen Propaganda und finden bei derselben Sympathie und Unterstützung. Als ein Müsterchen stehe hier ein Brief, den unlängst der einzige Priester, welcher in Schlesien apostasirte, an den Bischof von Breslau schrieb: „Da meine geistlichen Obern sich nicht gewürdiget haben, die „Gründe zu berücksichtigen, die ich vorbrachte, um eine meinen „Verdiensten entsprechende Pfründe zu erlangen, so bin ich, „nachdem ich lange, aber vergebens, auf Beförderung gewartet, „aus Ueberdruß über eine solche Behandlung genöthiget, wieder „zum Ur=Christenthum zurückzukehren. In Folge davon werde „ich Jungfer Leontine Krause, die Tochter des verstorbenen Kon= „troleurs Krause heirathen, welche schon seit einiger Zeit meine „Haushaltung auf die uneigennützigste Weise führt. Sign. „Schulich."

Solche verkommene katholische Priester sucht die protestantische Propaganda auf, zollt ihnen Ehre und Beifall, noch mehr! sie prahlt mit ihrer Apostasie und was die katholische Kirche mit Ekel von sich stößt, das dient ihr zur ruhmvollen Sieges=Trophäe! Hat nicht England unlängst den apostasirten, wegen seinem Lebenswandel aus seinem Kloster und sogar aus seinem Vaterlande ausgestoßenen Mönch Achilli im Triumph herumgetragen? Haben nicht andere Gleichgeartete in neuerer Zeit bei den Protestanten in Genf, Paris, Bern willkommene Aufnahme und gewinnreiche Anstellungen gefunden?

Unlängst noch hatte eine preußische Dame, welche vor acht oder zehn Jahren katholisch geworden war und nun auf die glänzenden Anerbietungen ihrer Familie sich wieder zum Protestantismus hinneigte, die traurige Freimüthigkeit einem meiner Freunde, einem katholischen Priester, welcher sie zum Festhalten ermahnte, zu erklären: „Aus Liebe zu Gott bin ich Katholikin „geworden und aus Liebe zu mir selbst will ich nun

„wieder Protestantin werden." Diese Antwort gibt wohl vollständige thatsächliche Aufklärung über die Frage, welche Katholiken in der Regel protestantisch werden. Man ist arm und will aus der Dürftigkeit herauskommen; man hat Leidenschaften und will sie nicht unterdrücken; man ist stolz und will sich nicht unterwerfen; man ist unwissend und läßt sich verführen; das sind — seltene Ausnahmen abgerechnet — die thatsächlichen Verhältnisse und Motive jener Katholiken, die protestantisch werden.

Ganz anders verhält es sich mit den Protestanten, welche zur katholischen Kirche zurückkehren.

Es kann wohl auch zuweilen geschehen, daß bloß menschliche Beweggründe einen Protestanten bewegen, katholisch zu werden; aber das sind gewiß immer nur ganz unbedeutende, unbemerkbare Ausnahmen. Nach dem eigenen Geständnisse der Protestanten sind es gewöhnlich gerade die ehrenwerthesten, die gelehrtesten und tugendhaftesten unter ihnen, welche katholisch werden. Dieses Faktum ist in unsern Tagen mehr als je mit Händen zu greifen.

Seit fünfzehn bis zwanzig Jahren sind in England eine beträchtliche Anzahl anglikanischer Pastoren zur Mutterkirche zurückgekehrt, und zwar unter denselben gerade die Blüthe ihrer Universitäten, die Großmeister der Wissenschaft. Um jedem Widerspruche hierüber den Mund zu schließen, hat man nur die Namen eines Newman, eines Manning, eines Faber, eines Wilberforce 2c. anzuführen. Täglich melden die englischen Journale mit Widerwillen neue Bekehrungen aus der Mitte des Klerus, des Adels, der Magistratur oder der Armee.

Eines der merkwürdigsten Ereignisse dieser Art ist die Bekehrung des Lord Spencer, der aus einer der höchsten Adelsfamilien Englands entsprossen, sogleich nach seiner Rückkehr zur katholischen Kirche als Pater Ignaz in dem demüthigen, strengen Orden der Passionisten eintrat. Noch als Protestant forderte er die Protestanten aller Klassen auf, für die Bekehrung Englands zu beten, wenigstens bedingungsweise, das heißt, daß wenn die katholische Kirche wirklich die Kirche Jesu Christi sei, der Herr sich würdigen möchte, England wieder in den Schooß derselben zurückzuführen. Als Katholik und Priester setzte dieser eifrige Glaubensverbreiter unermüdet diesen Kreuzzug des Gebetes fort, welcher seinem Lande schon so reiche Gnaden erworben hat.

In Deutschland finden wir zahlreiche, berühmte Beispiele

von Bekehrungen, selbst in den regierenden, königlichen Häusern und in den höchsten Klassen der menschlichen Gesellschaft, der Wissenschaft, Kunst ꝛc. Im Jahre 1817 kehrte z. B. der Herzog von Sachsen=Gotha, ein naher Verwandter des Königs von England, zur katholischen Kirche zurück und erbaute durch seine tiefe Frömmigkeit Protestanten wie Katholiken. Im Jahre 1826 bekehrte sich Graf von Ingenheim, Bruder des Königs von Preußen, später der Herzog Adolph Friedrich von Mecklenburg=Schwerin, die Gräfin Friedrike von Solms=Baireuth, die Fürstin Charlotte Friedrike von Mecklenburg, Gemahlin des Kronprinzen von Dänemark; im Jahre 1851 der Bruder des gegenwärtigen Königs von Würtemberg ꝛc.

Wer hat nicht von dem berühmten Grafen von Stolberg, einem der hervorragendsten Männer im Anfange dieses Jahrhunderts gehört? Durch das ernste Studium der Schrift, der Väter und der Controvers=Schriften zur katholischen Kirche bekehrt, brachte er der Wahrheit die Aussichten auf die glänzendste Laufbahn zum Opfer und Gott gab ihm den Trost, seine ganze Familie seinem Beispiel folgen zu sehen.

In Folge dieser Bekehrungen versöhnten sich gleichzeitig eine große Anzahl deutscher Schriftsteller, Philosophen und Rechtsgelehrter ersten Ranges mit der katholischen Kirche.

Eine der auffallendsten Bekehrungen war die des berühmten Literaten W e r n e r. In Berlin zu den höchsten Ehrenstellen erhoben, verließ er Alles, um Katholik und Priester zu werden und starb als armer Redemptorist. Man erzählt von ihm, daß, als er einst in Gesellschaft mehrerer hochgestellten Protestanten sich bei einem Mittagessen befand, einer, welcher seinen Uebertritt zum Katholizismus nicht verschmerzen konnte, ihm öffentlich erklärte, er verachte Jeden, welcher seine Religion geändert. I c h a u c h, e n t g e g n e t e W e r n e r, u n d — d a s i s t e s g e r a d e, w a r u m i c h L u t h e r i m m e r v e r a c h t e t h a b e.

Dem Beispiele Werners folgten mehrere Gelehrten der nämlichen Nation: Friedrich Schlegel, Clemens Brentano, Baron Eckstein, Hofrath Adam Müller ꝛc. ꝛc.

Unter den Protestanten, welche jüngster Zeit in der S c h w e i z wieder zur katholischen Religion zurückkehrten, ist vor allen Karl Ludwig von Haller, ein Berner Patrizier und Mitglied des souveränen Rathes, zu nennen. Für seinen Uebertritt hatte er, wie die meisten vorgenannten die Ehre, verfolgt und aller seiner Würden und Aemter entsetzt zu werden. *) Auf die Bekehrung Hallers folgte die des zürcherischen Feldpredigers Eßlinger, des Pastor's Joux von Genf, und vorzüglich die des berühmten Antistes Friedrich Hurter von Schaffhausen. Derselbe legte 1844 zu Rom sein katholisches Glaubensbekenntniß ab uud hatte als Pathen den berühmten Maler Overbeck, welcher selbst vor mehreren Jahren convertirt, in Rom das Beispiel der bewunderungswürdigsten Tugenden gegeben hat.

Auch Frankreich hat nicht ermangelt, eine schöne Anzahl convertirter Protestanten, sogar convertirter Pastoren zu liefern; einer der merkwürdigsten ist M. Laval, Pastor von **Conde-sur-Noireau**; ihm folgte Paul Latour, Antistes des Consistoriums von **Mas-d'Asile**, diesem A. Bermaz, welcher vier Jahre lang in der Diözese von Lyon einer der eifrigsten Verbreiter der Secte der Momier gewesen ꝛc. ꝛc. — Wie viele Protestanten und vorzüglich wie viele Pastoren in Frankreich würden sich gegenwärtig wieder freudig in die Arme der katholischen Mutterkirche werfen, wenn nicht Familienbande und zeitliches Interesse sie zurückhielten? Die protestantischen Consistorien wissen sehr gut, warum sie junge Theologen gleich bei ihrem Austritte aus den Schulen verheirathen, denn Weib und Kinder sind für einen protestantischen Pastor das größte Hinderniß der Bekehrung.

Auch Amerika bleibt der Bewegung, welche die einsichtsvollen, aufrichtigen, religiösen Seelen zum Katholizismus hindrängt, nicht fremd. Um von frühern Bekehrungen, wie z. B. von der des berühmten Schriftstellers Brownson und Andern zu schweigen, wollen wir nur einige neuere anführen, vor Allem die des **Dr.** Forbes, ehemaligen Pastor's von New-York, durch seine Wissenschaft, seine Frömmigkeit und seinen Eifer war er eine der schönsten Zierden der Episkopal-Sekte, — gegenwärtig ist er einer der ausgezeichnetsten und eifrigsten Priester der katholischen Kirche. Eine andere noch neuere Bekehrung, welche großes Aufsehen erregt, ist die des protestantischen Bischofs von Nord-Carolina, des **Dr.** Ybes, eines Mannes, welcher wegen seiner Gelehrsamkeit und seinen Tugenden von seiner Secte allgemein

---

*) Unterdessen gab es doch sogar Pastoren, welche ihm sagten, er habe recht gehabt, diesen Schritt zu thun.

verehrt wurde. Er suchte die Wahrheit mit aufrichtigem Herzen und als er sie gefunden, verließ er Alles, um ihr zu folgen. Der protestantische Bischof legte sein reiches Bisthum nieder und wanderte nach Rom, sich dem hl. Vater zu Füßen zu werfen. Den 26. Dezember 1852 legte er in der Privatkapelle des Papstes das Glaubensbekenntniß ab. Knieend überreichte er dem heil. Vater seinen bischöflichen Ring, sein Sigill und das Kreuz, welches er bei feierlichen Gelegenheiten zu tragen pflegte und rief mit Thränen in den Augen: „**Holi Father, here are the Signs of my rebellion!**" „Heiliger Vater, hier sind „die Zeichen meiner früheren Empörung." „„Sie sollen in Zu= „„kunft Beweise deines Gehorsams sein, antwortete ihm der „„Statthalter Jesu Christi, gehe, hinterlege sie auf das Grab „„des hl. Petrus."" *)

Gegenüber diesen durch ihre Tugenden, durch ihre Stellung, durch ihre Liebe zur Wahrheit so ausgezeichneten, so opferwilligen, katholischen Konvertiten möge die protestantische Propaganda uns ihre Eroberungen, Mann für Mann, anführen. Wir verlangen nicht berühmte Namen von ihr, wir verlangen nicht Männer, welche durch glänzende Talente und edle Charaktere den von uns angeführten das Gleichgewicht halten könnten; sie nenne uns we= nigstens nur **rechtschaffene, tugendhafte, unterrichtete und in der Beobachtung ihrer Religion getreue** Ka= tholiken, welche, durch das Bedürfniß eines bessern Glaubens ge= drängt, die katholische Mutterkirche verlassen und sodann ihre neuen Religionsgenossen durch das Schauspiel eines exemplarischen christlichen Lebenswandels erbaut hätten. Ja sie nenne uns einen einzigen, gewissenhaften Katholiken, der im Begriff, vor Gottes Richterstuhl zu erscheinen, auf dem Sterbebette Protestant gewor= den wäre, während wir viele gewissenhafte Protestanten anführen

---

*) Mehrere Schriftsteller haben das Verzeichniß der berühmtesten in die= sem Jahrhunderte stattgefundenen Bekehrungen veröffentlicht. Sieh' Rohrbacher: *Tableau des principales conversions qui ont eu lieu parmi les protestants depuis le commencement du dix-neuvième siècle*, und von dem nämlichen Schriftsteller: *Motifs qui ont ramené à l'Eglise un grand nombre de protestants*. Sieh ferner: Alzog, Allgemeine Kirchengeschichte, F. III., §§ 406, und das neueste ausgezeichnete Quellen-Werk des Hochw. Bischofs Andreas von Straßburg ꝛc. ꝛc.

können, welche auf dem Todbette katholische Priester berufen haben, um als Katholiken zu sterben.

Aus den angeführten Thatsachen ziehen wir den Schluß, daß die Konvertiten, welche zum **Protestantismus** übergehen, beinahe immer Individuen sind, welche aus dem Religionswechsel auch einen Glückswechsel hoffen, oder erbitterte Gemüther, die sich durch Skandal rächen wollen; daß diejenigen hingegen, welche ihre protestantischen Sekten verlassen, um zur **katholischen Mutterkirche** zurückzukehren, in dieser in der Regel mit Gottes Gnade Glauben, Trost, Friede, Heiligkeit und Liebe suchen.*)

Wir kommen somit zur **allgemeinen Schlußfolgerung,** daß die katholische und protestantische Propaganda sowohl **grundsätzlich** als **thatsächlich** ganz verschiedenartig sind und daß die protestantische Propaganda durch ihre Eroberungen nicht sowohl das Reich Gottes als vielmehr den Triumph ihrer Sekte **bezweckt.** Dieses leuchtet noch klarer ein, wenn wir die **Mittel**, deren sich die protestantische Propaganda in der Regel zu ihren Eroberungen bedient, im **einzelnen** untersuchen und prüfen, was in den folgenden Abschnitten geschehen soll.

V. Broschüren und Traktätlein der protestantischen Propaganda.

Unser Jahrhundert hat in der Volksbildung im Allgemeinen solche Fortschritte gemacht, daß heutzutage in den kultivirten Ländern beinahe Jedermann nicht nur lesen kann, sondern auch lesen will. Obschon die protestantischen Propagandisten zwar stets geneigt sind, das katholische Volk als ungebildet und unaufgeklärt darzustellen, so wissen sie dennoch, daß die Katholiken, wenn nicht mehr, doch wenigstens eben so gut und eben so gerne lesen als die Protestanten und deßwegen spekuliren sie auf diese Leselust, um durch tendenziöse Broschüren und Traktätlein unter den Katholiken Proselyten zu machen.

*) Vergl. Segür, Kap. 20 ꝛc.

Sie haben hiefür zweierlei Arten Traktätlein oder Schriften. Die erste Art besteht in Erzählungen und Geschichten, deren unvermeidliche Helden und Heldinnen immer Leute sind, die sich beim bloßen Anblick der Bibel bekehren, oder gute Weiblein, welche ohne Beicht, ohne Sakramente leben und dennoch heilig sterben wollen. Die Hauptrolle spielt natürlich ein tugendhafter, toleranter Pastor, mit süßelnder Bibelsprache auf der Zunge, oder eine für das Evangelium entflammte Dame, die von Hütte zu Hütte wandert, um die Armen zu trösten und ihnen aus der Bibel vorzulesen. In dieser ersten Art der Traktätlein wird die katholische Kirche nicht unmittelbar angegriffen, es wird sogar in denselben das Wort „Katholisch" oft gar nicht genannt; diese Traktätlein haben zum Zweck, die katholische Ueberzeugung auf mittelbare Weise zu untergraben, indem sie die Protestanten als Heilige zur Bewunderung und Nachahmung vorstellen, und dadurch in den Katholiken die Ansicht hervorrufen und begünstigen sollen, daß der Protestantismus seine Anhänger noch besser oder wenigstens eben so gut zur Tugend, Frömmigkeit und Heiligkeit führe als der Katholizismus. Das Stillschweigen über die katholische Kirche ist hier keineswegs zufällig, sondern wohl berechnet; dieses Stillschweigen, das man gerne als Mäßigung gelten machen möchte, ist nicht etwa friedlich, es ist im Gegentheil höchst feindlich. Die Leute sollen dadurch nach und nach angewöhnt werden, die katholische Kirche als entbehrlich und überflüssig zu betrachten. Glücklicherweise sind diese Erzählungen meistens schlecht und langweilig geschrieben und verfangen daher weniger.

Die zweite Art von Broschüren, welche die Propagandisten aber mit einer gewissen Behutsamkeit austheilen, enthalten heftige Ausfälle gegen Alles, was die katholische Religion Ehrwürdiges und Heiliges hat, sie sind voll schamloser Verläumdungen gegen den katholischen Klerus, voll Lästerungen gegen die Mutter des Erlösers, voll so groben und gehässigen Lügen, daß es unmöglich ist, dieselben bloß der Unwissenheit zuzuschreiben. Zuweilen haben solche Broschüren, — wie der Hochwürdigste Bischof von Straßburg in einem unlängst erlassenen Hirtenbriefe feierliche Klage darüber erhob, — sogar einen katholischen Titel und sind, um die Einfältigen besser zu täuschen, mit dem Bilde der seligsten Jungfrau geziert.

Die Vertheilung dieser Traktätlein gilt dem fanatischen Protestanten als ein frommes Werk; es haben sich hiefür beinahe in allen Ländern Gesellschaften und Vereine gebildet und die verschiedenen Sekten, wenn sie schon unter einander gespalten sind, scheinen dieselbe gemeinschaftlich zu betreiben. Diese Propaganda gewinnt von Jahr zu Jahr an Ausdehnung. Im Jahre 1856 hat z. B. eine einzige solche Gesellschaft von Paris (La Société de traités religieux) eine Million achtundzwanzig tausend solcher Broschüren herausgegeben. Eine andere Gesellschaft, die ihren Sitz zu Toulose hat, rühmte sich in ihrem Rechenschaftsberichte, seit ihrer Stiftung über zweiundzwanzig Millionen solcher Schriften vertheilt zu haben. Der ehemalige Hausirer, der unter der Last seiner Bücher langsamen Schrittes einherschritt, hat sich heutzutage umgewandelt und vervielfacht: das schöne Geschlecht betheiligt sich täglich mehr bei dieser Hausirerei. Die Eisenbahn-Waggons füllen sich mit solchen Evangelisten in Weiberröcken. Diese Damen stopfen ihre Taschen, ihre Arbeitssäcke, ihre Hutschachteln ꝛc. mit solchen Broschüren voll und ziehen dann aus zum heiligen Kreuzzuge, entschlossen, das Reich des Aberglaubens zu zerstören. Sie bieten auf ihren Streifzügen diese Schriftchen an, sie theilen sie aus, sie drängen sie auf, werfen sie aus, oder legen sie irgendwo hin, schieben sie zwischen die Fensterladen oder unter die Hausthüren, oder heften sie mit Stecknadeln an die Zäune und Bäume längs der Landstraßen ꝛc. ꝛc.

Diese Art von Propaganda ist übrigens nur bezüglich ihrer riesenhaften Ausdehnung, aber nicht bezüglich ihres Wesens neu. Schon Luther verschmähte sie nicht. Zu den heftigen, ehrenrührigen Schmähschriften, die er mit Meisterhand schrieb, fügte er eben so schlau als grob noch die Carrikatur hinzu. Sein herzlieber Schüler, der englische Melanchthon, unterstützte ihn in diesem feigen Manöver, auf welches der Eine wie der Andere die größte Sorgfalt verwendete. Diese Schmähschriften und Carrikaturen, von so heiligen Männern stammend, waren voll empörender Unflätigkeiten. Mögen nun wohl gewisse kitzliche Zeichnungen, bei welchem Luther vermöge seines besondern Hanges vorzüglich gerne verweilte und welche er vorzüglich gerne hervorhob, in den Broschüren, welche man in unsern Tagen verbreitet, mehr verschleiert sein, so wollen wir doch zur Ehre der frommen Evangelistinnen, welche dieselben mit solcher Hartnäckigkeit verbreiten, annehmen, daß sie selbst dieselben nicht alle lesen.

Unter den Schmähschriften, mit welchen die Propagandisten die katholische Kirche in unsern Tagen offen und unmittelbar angreifen, gibt es eine Spezialität, auf die wir schließlich noch besonders aufmerksam machen müssen. In derselben wird der katholischen Kirche vorgeworfen, daß sie die Lehre des Evangeliums im Laufe der Jahrhunderte durch allerlei Zusätze vermehrt und verunstaltet habe und um diesem Vorwurfe besser Eingang zu verschaffen, wird diesen Schriften ein ganz historisches Aus- und Ansehen gegeben, und mit Pünktlichkeit genau das Jahr angezeigt, in welchem die katholische Kirche diesen oder jenen Zusatz, dieses oder jenes Dogma erfunden oder eingeführt habe.

Diese Taktik wäre gar nicht ungeschickt, wenn nur die gelehrten Herren Verfasser sich die Mühe geben wollten, sich selbst unter einander zu verständigen, bevor sie dieselben drucken lassen; ohne diese Maßregel setzen sie sich der Gefahr aus, einander gegenseitig zu widersprechen und so sich selbst widerlegen, wie nachfolgendes Beispiel zeigt.

Es liegen zwei solche historische Traktätlein vor unsern Augen. Das Eine ist in England erschienen (Ballington und Bulton, Horncastle) und hat den Titel: „Die Jahresdaten der verschiedenen Zusätze zum Christenthum durch die römische Kirche"; das Andere wurde in Frankreich unter dem Titel: „Geburtsschein," durch den Pastor Puaux zu Langers herausgegeben. Wie stimmen nun diese beiden aufrichtigen Historiker zusammen?

Jahresdaten des Engländers.	Anno
Erfindung der Anrufung der Heiligen	700
Suprematie des Papstes	1215
Die apokryphischen Bücher	1547
Die sieben Sakramente	1547
Jahresdaten der Franzosen.	
Verehrung der Heiligen eingeführt	375
Primat des Papstes	600
Die apokryphischen Bücher	1564
Die sieben Sakramente	1160

Und so geht es fort, daß man mit Recht sagen kann: *„Mentita est iniquitas sibi.* Die Bosheit hat sich selbst belogen."

In zwei Daten stimmen jedoch diese Propagandisten meistens zusammen, nämlich bezüglich der „Beicht" und der „unbefleckten Empfängniß Marias"; die Erfindung des ersten Dogma's setzen sie gemeinhin auf das Jahr 1215, die des zweiten auf das Jahr 1854.

Beschränkteres und zugleich Unverschämteres gibt es nichts, als solche unglückliche Halbwisserei. Die wahrhaft gelehrten Protestanten hüten sich wohl, solche Albernheiten vorzubringen. Sie wissen so gut wie wir, daß im Jahre 1215 auf dem Concil von Lateran Innocenz III. nichts anderes that, als den alljährlichen Empfang des Bußsakramentes anzuordnen, welches Sakrament von Christus eingesetzt und deßwegen schon seit dem Beginne der Kirche beständig in Uebung war. Sie wissen so gut wie wir, daß Pius IX. den 5. Dezember 1854 die Lehre der unbefleckten Empfängniß Marias durchaus nicht erfunden, sondern daß er bloß den alten beständigen Glauben über diesen Punkt feierlich ausgesprochen und allgemein verbindlich gemacht hat. Das Dogma von der unbefleckten Empfängniß existirte vor dieser Erklärung schon, wie es gegenwärtig existirt, indem ja seit undenklichen Zeiten das Fest derselben in der ganzen katholischen Christenheit gefeiert wurde; nur war dasselbe noch nicht offiziell ausgesprochen und bestimmt.

Behaupten, Pius IX. habe das Dogma der unbefleckten Empfängniß und Innocens III. dasjenige der Beicht erfunden, wäre gerade so viel, als wenn man behaupten wollte, das Concilium von Nicäa habe die Lehre von der Dreifaltigkeit und von der Gottheit Christi ersonnen, als es nämlich im Jahre 325 diese beiden Wahrheiten gegen die Arianer feststellte. Die Kirche glaubte das Dogma der Dreifaltigkeit und dasjenige der Menschwerdung Christi schon vor dem Concil von Nicäa, wie sie das Sakrament der Buße schon vor dem Concil vom Lateran glaubte und gebrauchte, und wie sie vor dem 8. Dezember 1854 die unbefleckte Empfängniß der Mutter des Herrn glaubte und feierte.

Die katholischen Dogmen sind nur der Ausspruch dessen, was in Religionssachen Wahrheit ist. Die Wahrheit aber kann man nicht erst machen; sie ist ewig und unwandelbar; die Kirche ist die Aufbewahrerin derselben und, durch ihren göttlichen Stifter geleitet, verkündet sie dieselbe, wenn Neuerer sie zu läugnen wa=

gen oder wenn sie diese Verkündigung für die Heiligung ihrer Kinder ersprießlich hält.

So viel zur Kennzeichnung der Traktätlein, mit welchen die protestantischen Propagandisten unter den Katholiken Proselyten zu machen suchen.

VI. Ihr Seelenhandel mit materiellen Lockmitteln.

In allen katholischen Ländern werden, wie wir gesehen, alljährlich unzählige protestantische Traktätlein und Schmähschriften ausgetheilt. Aber diese Austheilung, so schädlich und so vielfältig sie ist, bleibt für die Agenten der protestantischen Propaganda doch immer nur ein untergeordnetes Mittel. Es gibt noch ein anderes viel wirksameres, welches anzuwenden viele aus ihnen sich nicht im Geringsten schämen. Wir meinen das Geld. „Ueber diesen Punkt, bemerkt der Erzbischof von Genua in einem „amtlichen Hirtenbriefe, erhebt sich in ganz Europa unter allen „Katholiken nur ein Schrei des Unwillens, so daß man sich nicht „genug wundern kann, wenn die protestantischen Sektirer die „Frechheit haben, dieses zu läugnen.

Dieser Handel mit den Gewissen ist eine mehr als hinlänglich bewiesene Thatsache. Gewiß gibt es, wir zweifeln gar nicht daran, unter den Protestanten und ihren Pastoren Männer, welche unfähig wären, zu derlei Ränken ihre Zuflucht zu nehmen. Diese weisen eine solche gegen den Protestantismus ausgesprochene Beschuldigung mit Unwillen zurück. Es zeugt dies für ihre persönliche Ehrenhaftigkeit und wir sind darüber erfreut; aber es beweist gar nichts gegen die durch die Propaganda im Allgemeinen angewendeten Mittel. Es liegt im Charakter dieser Propaganda, die Armen durch solche plumpe Mittel, wie Geld und zeitliche Unterstützungen zum Abfall von ihrem Glauben zu verlocken; eine Menge von täglichen Thatsachen lassen nicht den geringsten Zweifel hierüber zu. Wer in paritätischen Orten viel um Arme ist, dieselben liebt und unterstützt, wird jeden Augenblick auf solche Versuche der Verführung stoßen und man wird bei Allem dem nur die wenigsten derselben entdecken; denn die unglücklichen Verführten hüten sich wohl, ihre eigene Schande aufzudecken und die Verführer begnügen sich, in ihren Berichten die Zahl ihrer Bekehrten anzuführen. Aus der Zahl Derjenigen zu schließen, welche solchen Verführungen widerstehen, müssen dergleichen Versuche sehr häufig stattfinden. Wir selbst, sagt de Segür, kennen persönlich mehrere Arbeiter und sonstige arme Familien, denen solche Bekehrer und Bekehrerinnen Unterstützung, Arbeit, Geld, und zuweilen sogar viel Geld angeboten haben unter der Bedingung, daß sie protestantisch werden sollten. Und der ehrwürdige Pfarrer von St. Sulpice in Paris übergab letztes Jahr in Folge einer in seiner Pfarrei angestellten Untersuchung der Regierung zahlreiche, von vielen Privatleuten und Familien unterzeichnete Zeugnisse, welche diese strafbaren Umtriebe der protestantischen Propaganda bestätigten.

„Seid ihr noch nie," schrieb unlängst ein ausgezeichneter „Schriftsteller, „einigen jener Gewissenshändlern begegnet, welche „auf dem Lande herumziehen, die Städte durchwandeln und sich „in die Familien einschleichen, um Lüge und Unkraut in den„selben zu säen? Dieses unter uns ganz neue Handelsprinzip „gewinnt täglich größere Ausdehnung und verdient mehr bekannt „zu werden."

Die Sache geht ungefährr so zu. Es befindet sich z. B= in irgend einem Dorfe eine arme Familie, deren baufällige Strohhütte, ihr einziges Obdach, verkauft werden soll, weil sie dieselbe nicht herzustellen vermag. Sogleich zeigt sich einer dieser Seelen. Trödler, die jedes Unglück auswittern. Mit der gutmüthigsten Miene von der Welt sagt er zum Hausvater: „Guter Mann, ihr wohnt doch sehr elend in dieser armen Hütte, die von allen Seiten so schlecht verschlossen ist. Ihr müßt hier wohl sehr von der Kälte leiden. Warum gibt euch euer katholische Pfarrer nicht die Mittel an die Hand, euer Häuschen auszubessern und euch zu kleiden? Seht, ich bin Protestant; wenn ich in meiner Gemeinde würdige Arme antreffe, so unterstütze ich dieselben. Kommt morgen zu mir, ich will euch eine Decke für euer Bett und einige Kleidungsstücke für euere Kinder geben." Mit diesen Worten entfernt er sich und überläßt diese guten Leute ihrem Erstaunen über eine so rührende christliche Liebe. — Bettdecke und Kleidungsstücke langen wirklich an und bald darauf auch wieder der Propagandist. Diesmal spricht er von der Reparation des Häus=

chens und versichert, das nöthige Geld würde bald gefunden sein, wenn nur die arme Familie protestantisch, statt katholisch wäre. Wie jedoch die Frau sich gegen eine solche Zumuthung empört, zieht der „christliche Hausfreund" seine milde Hand zurück, ohne den guten Leuten etwas anderes als ein schlechtes Buch zurückzulassen.

An einem andern Orte ist ein Arbeiter, der bloß seinen täglichen Verdienst hat, um sich, seine Frau und seine zwei Kinder zu ernähren, in eine Krankheit gefallen. Elend und Hunger sind sehr schlimme Rathgeber, sie führen in große Versuchungen; das wissen diese Seelenwucherer gar wohl, sie eilen herbei und versprechen diesen Unglücklichen Brod, wenn dieselben nur einwilligen, ihnen ihr Gewissen zu verkaufen.

Nicht weit von diesem Orte läßt ein Gläubiger das Haus und das Stück Land eines armen Bauers, sein einziges Besitzthum, öffentlich versteigern. Die Propagandisten, welche das Unglück wittern, versprechen ihm, seine Schulden zu bezahlen, wenn er seine Religion ändern will; — er schwankt und — läßt sich fangen.

Eine arme Mutter hat zwei Kinder, mit denen sie von Thür zu Thür um Brot bettelt; die Seelenkäufer schicken ihre Zelotinnen, welche die Kinder von der Frau verlangen mit dem Versprechen, dieselben im Wohlstande aufzuziehen. Die arme Mutter, gleichsam um ein Abkommen mit ihrem Gewissen zu treffen, tritt ihnen das eine ab, das andere bewahrt sie.

Die Käufer wenden sich vorzugsweise und nicht ohne Erfolg auch an Trunkenbolde, welche immer Geld nöthig haben; an Bankerottirer, welchen nichts willkommener ist, als in ihrem Schiffbruche einen Rettungsbalken zu finden; an ausgeschämte Weiber und sittenlose Dirnen, die ohnehin nichts mehr als ihre schon sehr verdorbene Seele zu verkaufen haben; und vorzüglich an einfältige und unwissende Menschen. In Gasthöfen und Kneipen, auf Dampfschiffen und Dampfwagen und öffentlichen Fuhrwerken, an Landstraßen und sonst allenthalben stößt man auf solche Propagandisten, immer bereit, Jedermann zu bekehren, versteht sich, jeder zu seiner besondern Sekte. *)

---

*) Du commerce des consciences et de l'agitation protestante en Europe. Annecy 1856.

Die großen Städte und vor allen Paris werden mit unglaublichem Eifer hiefür bearbeitet. „Wir müssen Paris um jeden Preis haben, sagen die Häupter der verschiedenen protestantischen Sekten, durch Paris werden wir Frankreich und durch Frankreich Europa erobern." Und diesem Kriegsplane zufolge dringen ihre bezahlten Agenten, ihre fanatisirten Weiber, ihre Diakone und Diakonissinnen in die Wohnungen der Armen und suchen dieselben sammt ihren Kindern zu kaufen.

Zu Lyon geschieht das Nämliche. Hr. General=Vikar Cattet hat in seiner Broschüre über den Protestantismus mehrere Thatsachen dieser Art angeführt. Hier einige Auszüge aus diesem Werke: „Als wir das Gemälde von den schändlichen Kniffen „entwarfen, welche die Protestanten anwenden, um Proselyten zu „machen, besaßen wir eine Menge Unterschriften armer Katho=„liken, welche voll Reue, sich an diese Apostel des neuen Evan=„geliums verkauft zu haben, uns diese erbärmlichen Verführungs=„Mittel schriftlich bezeugten. Seither haben wir dem Rektor der „Akademie von Lyon auf's neue die Erklärungen von vier Haus=„vätern übersandt, welche bezeugen, daß sie Geld erhalten haben, „um ihre Kinder in die protestantischen Schulen zu schicken."

Wahrlich! es ließe sich hier eine interessante Statistik hierüber entwerfen; allenthalben finden wir die nämliche Beredsamkeit der Geld=Kiste angewandt, um einen Katholiken zu bekehren. Doch dieses würde uns hier zu weit führen; nur ein Zeugniß aus Genf können wir nicht unberührt lassen.

„Es vergeht kein Tag, sagen „les Annales de Genéve," „daß wir in Genf nicht von einigen, unter dem Schutze des „Gottes Mammon versuchten Eroberungen hören. Hier hält „auf offener Gasse ein bekannter Diener des Evangelium eine „arme Arbeiterin an und verspricht ihr Arbeit und Hülfe wäh=„rend des Winters; dort ist es eine vornehme Dame, welche eine „Dienstmagd in ihren Wagen aufnimmt, um ihr die kostbaren „Vortheile der Reformation auseinander zu setzen. Anders=„wo ist es irgend ein wohlgekleideter Herr, welcher, zuerst abge=„wiesen, zum zweiten Male heranschleicht und einem armen Vater „seine Kinder abzulocken weiß, die er dann sogleich in eine pro=„testantische Pension schickt. Dabei auf allen Seiten ein freund=„schaftlicher Besuch über den andern, wo man die ärmliche Lage

„der Katholiken mißbraucht,·einfältige Seelen um ihren Glauben
„zu bringen. Wie, sagen sie zu den ohnehin durch ihre Noth
„schon gereizten Unglücklichen mit einschmeichelnder Miene, euere
„katholischen Priester geben euch kein Geld? Nun gut! verlaßt
„sie und kommt zu uns; bei uns werdet ihr Unterstützung finden!
„— Dann wärmen sie die zum tausendsten Male widerlegten
„Verläumdungen über die Verbrechen der Priester und die Miß=
„bräuche der katholischen Religion wieder auf und schieben zum
„Schlusse dem Zuhörer ein Geldstück in die Hand und wünschen
„sich Glück, einen glorreichen, evangelischen Fang gethan zu
„haben." *)

Das ist die protestantische Propaganda, die von Tag zu
Tag frecher wird; das sind die von ihr bewirkten unmoralischen
Bekehrungen, eben so schmachvoll für jene, von denen sie aus=
gehen, als für die Unglücklichen, welche die Beute derselben werden.
Edlere Seelen unter Protestanten sowohl als Katholiken werden
Mühe haben, an eine solche Seelen=Käuferei zu glauben. Und
doch bleibt es unumstößliche Wahrheit, daß das Geld ein Haupt=
werkzeug dieser Propaganda geworden ist.

In ihren Händen ist die Nächstenliebe nicht mehr eine un=
eigennützig gespendete Unterstützung; sie ist eine der Apostasie an=
gebotene Belohnung: „Ihr seid arm, tretet auf unsere Seite und
ihr sollt reich werden!"

Wie bitter das Brod schmecken muß, das der Preis einer
solchen Schande ist? -

In Folge dieses religiösen Wuchergeschäftes verschwinden
die ohnehin schon so sehr geschwächten Begriffe von Ehre und
Moral immer mehr und mehr; die Herzen werden schlechter, die
Charaktere schwächer und von Ueberzeugungen kann gar keine
Rede mehr sein. Wahrheit und Religion gelten nur noch als
Mittel, den Reichen auszubeuten und den Armen zu entehren.

Kaufen und verkaufen. Da habt ihr das letzte Wort
der protestantischen Propaganda — so schließen wir mit Segür. **)

---

*) Die Annalen, welchen wir diese Stelle entheben, fügen bei, wir
müssen ganz vorzüglich die HH. Pastoren *Oltramare, Jaquet* und
Bordier bezeichnen, welche sich durch solche Besuche bei den Katho=
liken öffentlich zur Schau stellen.

**) Vergl. Kap. X.

VII. Ihre Schleichwege mit Mischehen und Mischschulen.

Hand in Hand mit dem Seelenhandel der protestantischen Propaganda gehen ihre Schleichwege mit Mischehen und Mischschulen. Gelingt es den Proselytenmachern, in die zartesten, innigsten Verhältnissen des Familienlebens einzudringen, in dem Hause und in der Schule den positiven katholischen Glauben zu verdrängen, die werdende und heranwachsende Generation im Geiste des Indifferentismus großzuziehen, so hoffen sie, daß die Zukunft ihnen angehören werde.

Kein Wunder also, daß diese Propagandisten kein Mittel unversucht lassen, um die Mischehen zu ermöglichen und zu begünstigen und die Mischschulen zu vermehren und sogar zwangsweise einzuführen. Bezüglich der Mischehen suchen sie in allen Ländern, wo sie Einfluß auf die Staatsgewalt üben, zu bewirken, daß dieselben vom Staate auf dem Wege der Zivilgesetzgebung nicht nur gestattet werden, sondern sie widersetzen sich allen Vorbehalten, welche katholischer Seits bezüglich der konfessionellen Erziehung der Kinder ꝛc. gemacht werden wollen, ja sie lassen solche Vorbehalte, falls sie auch von beiden Ehetheilen freiwillig und schriftlich eingegangen wurden, als ungesetzlich und kraftlos erklären. Bezüglich der Mischschulen suchen sie in den ihnen ergebenen Staaten solche gemischte Anstalten nicht nur für die höhere Gelehrtenbildung, sondern auch für die Volksbildung von Staatswegen und auf Kosten des Staates einzuführen, ja sie erstreben sogar Zwangsgesetze, welche die Errichtung konfessionell=gesönderter Schulen untersagen und den Besuch der Mischschulen für die Katholiken obligatorisch erklären.

Wenn die Propagandisten in einem Staate bezüglich des Schulwesens, namentlich des Volksschulwesens bereits eine solche Zwangsgewalt erreicht haben, so thun jene Katholiken, welchen die Verhältnisse dies gestatten, am besten, ein solches Land mit ihren Kindern zu meiden; jene Katholiken aber, welchen die Umstände dies nicht erlauben, haben die Pflicht, desto gewissenhafter und ängstlicher ihre Kinder zum Besuch des katholischen Religionsunterrichtes anzuhalten, durch die häusliche katholische Erziehung nachzuhelfen und, vereint mit ihrem katholischen Seelsorger, zu wachen, daß das weiche Herz und der leicht empfängliche Geist des Kindes in konfessioneller Beziehung auf keine Weise von Seite des Lehrers und der Mitschüler geärgert oder verletzt werde.

Bezüglich der Mischehen, welche der Staat wohl begünstigen, aber am Ende Niemanden aufzwingen kann, dürften die Katholiken sich und die Ihrigen am besten hüten und beschützen, wenn sie sich die gewöhnlichen Folgen solcher Ehen, wie sie nur zu oft eintreten (Ausnahmen bilden eben nur Ausnahmen), getreulich zu Gemüthe führen.

Die christliche Ehe beruht auf der innigsten Gemeinschaft zweier Seelen zu ihrer und ihrer Kinder gegenseitiger Erbauung und Heiligung. Wie ist diese Gemeinsamkeit aber auf die Dauer möglich, wenn zwischen den Eheleuten im wichtigsten Punkt des Seelenlebens, im Glauben, keine Gemeinschaft besteht? Hören wir in dieser Beziehung die thatsächliche Schilderung solcher Mischehen, wie sie leider nur zu oft zutrifft.

Arg ist es für gemischte Eheleute, daß der Tag des Herrn für beide Theile einen Tag der Trennung bildet. Der katholische Theil besucht die hl. Messe und die Predigt und vernimmt da, daß der katholische Glaube der alleinseligmachende sei; der protestantische Theil geht ebenfalls zur Predigt und vernimmt da, daß die Messe, welche eben seine Ehehälfte besucht, ein Götzendienst und die Sakramente der katholischen Kirche, welche seine Ehehälfte empfängt, Betrug und Abgötterei seien.

Am Feiertag soll der katholische Theil die Kirche besuchen und keine knechtlichen Arbeiten verrichten; der protestantische Theil aber erblickt in den Feiertagen nur einen den Heiligen gewidmeten Götzendienst, er arbeitet und arbeitet um so mehr, weil der katholische Theil feiert.

Und am Fasttage? Da sollen die beiden Theile an einem Tische miteinander und doch keines was das Andere speisen!

Wenn an Werktagen der katholische Theil nach der Sitte seiner Väter das Tagwerk mit Gebet beginnen und schließen will, so stimmt sein „Vater Unser" mit dem „Unser Vater" des protestantischen Theiles nicht zusammen; sein Ave Maria, seine Anrufung der Heiligen, sein Weihwasser ꝛc. sind in den Augen des andern Theils Aberglauben und Greuel.

Und in kranken Tagen? Erkrankt der katholische Theil, so soll der protestantische den katholischen Pfarrer berufen, damit er dem Sterbenden die hl. Sakramente ertheile, und nach erfolgtem Tode soll er für den Verstorbenen einen katholischen Gottesdienst halten lassen und Anstands halber der Todtenmesse sogar selbst beiwohnen, alles Aufgaben, welche nach seiner Ueberzeugung Werke der Abgötterei sind. Erkrankt aber der protestantische Theil, so muß der Katholik seine Ehehälfte scheiden sehen ohne Beicht, ohne Kommunion, ohne Sterbsakrament, ja es bleibt ihm nicht einmal der Trost, für das Heil seiner Seele Gebete zu verrichten und das hl. Meßopfer als Sühnopfer darbringen zu lassen, denn Alles dieß wäre in den Augen des Verstorbenen selbst nicht nur unnütz, sondern ein Greuel.

Das ist arg, aber es folgt etwas noch ärgeres.

Bald steht das gemischte Ehepaar nicht mehr allein, sondern es wird mit Kindern erfreut. Was denn? Entweder gestattet der protestantische Theil, daß die Kinder katholisch erzogen werden oder nicht. Im ersten Fall: was ist das für eein religiöse Erziehung? Was müssen die katholischen Kinder von dem protestantischen Vater oder der protestantischen Mutter denken, die Alles nicht mitmacht, was man ihnen zu machen strenge befiehlt; die stumm bleiben, wenn man sie zu beten anhält; die zu Hause bleiben, wenn man sie in die Kirche sendet u. s. w. u. s. w. Was ist das für ein Seelenleben, wo es heißt: „Kind! gib Acht, daß Du im Religiösen nichts thuest, was dein Vater (oder deine Mutter) thut und daß du immer Das thuest, was dein Vater (oder deine Mutter) nicht thut!?

Im zweiten Fall aber, wenn der protestantische Theil die katholische Kinder-Erziehung nicht gestattet, was dann? Dann kann der katholische Theil selbst nicht in seiner Kirche getraut werden, er muß den wichtigsten Akt seines Lebens ohne sakramentalische Weihe, ohne kirchlichen Segen beginnen, er muß sodann seine Kinder in einem andern Glauben taufen, in einer andern Konfession unterrichten lassen; diese Kinder, herangewachsen, werden die Lehren und Gebote seiner Religion verachten und als „Greuel" abschwören, und, groß geworden, werden sie sich ebenfalls mit Protestanten verheirathen und so wird der katholische Theil in Folge seiner Mischehe der Stammhalter einer Nachkommenschaft, die von jenem Glauben, der doch nach seiner innersten Ueberzeugung der alleinseligmachende ist, abfällt. Welche Verantwortung für jene, von denen Gott einst Rechenschaft über ihre Kinder fordern wird?

Das ist allerdings ärger als arg, aber das ärgste kommt doch erst jetzt noch zum Schluß. In Mischehen herrscht die größte Rechtsungleichheit zu Ungunsten des katholischen Theils. Der protestantische Theil kann sich bekanntermaßen jeden Augenblick nach Belieben wieder von seinem Ehegatten trennen und eine andere Hälfte suchen; der katholische Theil aber bleibt für sein ganzes Leben gebunden, auch wenn sich der protestantische von ihm getrennt und bereits wieder eine andere Heirath eingegangen hat.

Wahrlich von den Mischehen gilt, was der Apostel Matth. (19, 10) sagt: „Wenn die Sache des Mannes mit sei„nem Weibe sich so verhält, so ist nicht gut heirathen." Darum, Katholik! bevor du eine Bekanntschaft mit einem Protestanten anknüpfest oder von deinen Kindern anknüpfen lassest, so bedenke: „Der Wahn ist kurz, die Reue ist lang," und laß dich durch die protestantische Propaganda weder durch Mischschulen irreführen, noch durch Mischehen fangen. *)

———o⚜o———

VIII. Ihre Schlagworte und ihre Feldgeschreie.

Zu den Mitteln der Kriegsführung gehört auch das Feldgeschrei, mit welchem der Angreifer seinen Gegner zu überraschen, zu betäuben, zu erschrecken, in Verwirrung und Flucht zu setzen, zur Uebergabe zu verleiten sucht. Nicht nur im blutigen Waffenspiel, sondern auch im geistigen Kampf führen die Parteien solche Feldgeschreie und Schlagwörter, mit welchen sie ihre Gegner zu betäuben, zu bemeistern und niederzuschlagen hoffen. Die protestantischen Propagandisten und Proselytenmacher sind vorzüglich stark in dieser Taktik und wir müssen daher die Katholiken mit den Feldgeschreien und Schlagwörtern der-

---

*) Vergl. Die Ehe von A. Schnyder (Luzern, Gebr. Räber 1862.)

selben näher vertraut machen, um sie gegen die daherigen Angriffe zu warnen und zu schützen.

Das erste Feldgeschrei und Schlagwort der Propagandisten lautet gewöhnlich: „Fort mit der mündlichen Ueber„lieferung und der kirchlichen Autorität; hoch die Bibel „und die freie Forschung!"

Erstes Feldgeschrei:
„Fort mit der mündlichen Ueberlieferung und der kirch„lichen Autorität; hoch die Bibel und die freie Forschung."

Dieser Hauptangriff der protestantischen Propagandisten ist gegen das Fundament der Kirche selbst gerichtet, indem sie damit die Bibel als die einzig wahre Regel des Glaubens aufstellen, und jedem Christen die freie Forschung und Auslegung derselben anheimgeben, während die Katholiken nicht nur die geschriebene, sondern auch die mündliche Ueberlieferung der Apostel als Glaubensregel anerkennen und das Recht der Auslegung und Anwendung derselben nicht Jedermann, sondern nur den von Gott hiefür bevollmächtigten, und mit dem hl. Geist erfüllten, Aposteln und ihren Nachfolgern d. h. der Kirche zuerkennen.

Zur Bekämpfung und Abwendung dieses protestantischen Angriffs mag sich der Katholik folgender Waffen bedienen:

A. Die Bibel ist nicht und kann nicht die einzige Regel unseres Glaubens sein.

Die Bibel ist allerdings wahrhaft Gottes Wort. Das wissen wir Katholiken so gut und wohl noch viel besser als die Protestanten. Alles, was in der Bibel steht, ist wahr; Alles, was in der Bibel steht, ist göttliche Lehre und dennoch kann die Bibel nicht in dem Sinne wie die Protestanten dies behaupten, die einzige Regel unseres Glaubens sein.

Warum nicht?

1) Schon deßwegen nicht, weil Christus seinen Aposteln nicht gesagt hat: Gehet, schreibet und verbreitet die Bibel, sondern im Gegentheil: Gehet, prediget das

Evangelium allen Völkern; wer euch hört, der hört mich.

„Das Christenthum, sagt der Protestant Lessing *), „war schon verbreitet, „ehe noch einer der Evangelisten anfing, „das Leben Jesu zu schreiben. Man betete das Vater Unser, ehe „dasselbe im Evangelium des hl. Matthäus geschrieben stand, „denn Jesus Christus hatte es selbst seinen Jüngern gelehrt und „diese hatten dasselbe den ersten Christen überliefert.... Man „taufte im Namen des Vaters, des Sohnes und des heil. Gei= „stes, bevor Matthäus diese Taufformel in sein Evangelium „aufgenommen hatte; denn Jesus Christus hatte sie seinen Apo= „steln mündlich vorgeschrieben." Dies ist ein thatsächlicher Beweis gegen die Behauptung der Protestanten, der von Christus selbst stammt. Hätte Christus als Glaubensregel, ein geschriebenes Wort aufstellen wollen, so hätte er seine Lehre entweder selbst niedergeschrieben oder er hätte wenigstens den Aposteln befohlen, dieselben unter seinen Augen niederzuschreiben; nun hat aber Christus weder das Eine noch das Andere gethan, sondern im Gegentheil, er selbst hat das Evangelium gepredigt und den Aposteln zu predigen befohlen und ihnen hiefür den Beistand des hl. Geistes versprochen: Christus wollte also kein geschrie= benes Wort als einzige Glaubensregel aufstellen.

2) Die Bibel kann ferners nicht die einzige Richtschnur des Glaubens sein, weil man beim Durchlesen derselben und vorzüg= lich beim Durchlesen des Neuen Testaments sogleich sieht, daß diese Bücher, ihrem Inhalt nach, keinen Katechismus, das heißt keinen klaren, vollständigen Religionsunterricht bilden. Die Evan= gelien und die historischen Bücher überhaupt sind zur Erbau= ung der Gläubigen niedergeschriebene geschichtliche Berichte; die Briefe des hl. Paulus und der andern Apostel sind einzelne unzusammenhängende Fragmente, die bald diesen bald jenen Lehr= punkt insbesondere behandeln, meistentheils Antworten auf spe= zielle Anfragen, oder Anspielungen auf Irrthümer, von denen viele heut zu Tage nicht mehr existiren; die Psalmen sind vor= zugsweise Gebete, die Bücher der Propheten enthalten die An= kündigung der Ankunft Christi und der Schicksale seiner Kirche. Nie dachten die Apostel und die andern gotterleuchteten Verfasser

---

*) Lessing, Beiträge zur Geschichte und Literatur. T. IV. p. 182.

daran, in diesen Bruchstücken einen Codex des christlichen Lehrbegriffes, eine Glaubensformel aufzustellen. Das springt beim ersten Blick in die Augen. „Die Apostel hatten gar nicht „die Absicht, schreibt der berühmte Protestant Hugo Grotius, „in ihren Briefen alle nothwendigen Heils-Wahrheiten der Länge „nach anzuführen. Sie schrieben dieselben gelegentlich je nach „Anlaß der Fragen, die sich ihnen darboten." *)

3) Die Bibel kann auch ihrer Form wegen nicht die einzige Richtschnur und Regel des Glaubens sein, denn sie enthält eine Menge schwieriger Stellen, deren göttliche Tiefe die aufgeklärteste menschliche Einsicht nicht zu ergründen vermag. Die oft so vergeblichen Anstrengungen der Kirchenlehrer, den Sinn der hl. Schriften zu durchdringen, beweisen hinlänglich, wie schwer dieses ist. „Den Sinn der hl. Schrift zu ergründen, sagt „Luther, ist eine Unmöglichkeit, wir können nur über die Ober„fläche derselben streifen. Ihren Sinn erfassen wäre ein Wunder. „Die Theologen mögen sagen und thun, was sie wollen, das „Geheimniß des göttlichen Wortes durchdringen, geht immer über „unsere Einsicht. Ihre Aussprüche sind der Hauch des „Geistes Gottes, der Menschengeist muß es also wohl „bleiben lassen, dieselben ergründen zu wollen."

Was ist somit von einer Glaubensregel zu halten, die nach dem eigenen Geständnisse Luthers und einer Menge Protestanten, anstatt den Glauben zu erklären, selbst schwieriger und mühevoller Erklärung bedarf? **)

4) Die Bibel kann nicht die einzige Glaubensregel sein, denn wenn sie das wäre, so wäre die christliche Religion nur für die gebildeten Klassen und nicht auch für die Ungebildeten und Armen gestiftet, welche in der Regel nicht lesen können und die daher keine Glaubensregel hätten. — Jesus liebt die Armen und die Kleinen; der Protestantismus, indem er die Bibel als die

---

*) Hugo Grotius Ep. 582.
**) Den Protestanten würde es übel anstehen, die Schwierigkeiten der Bibelerklärung zu läugnen; denn ihre endlosen Streitigkeiten und Zwiste beinahe über jeden Text dieses heiligen Buches sprechen hier laut genug. Ja es ist sogar merkwürdig zu sehen, daß gerade die einfachsten und deutlichsten Schriftstellen die meisten Streitigkeiten und Spaltungen unter ihnen erregt haben. Blos über das Wort des Heilandes beim Abendmahle „Dies ist mein Leib," hat man über 200 verschiedene protestantische Auslegungen gezählt.

einzige Regel des christlichen Glaubens aufstellt, schließt das Volk und die Armen von dem Christenthum aus. Denn entweder können die Armen nicht lesen und was nützt ein Buch einem Menschen, der nicht lesen kann? *); oder durch ihre Arbeiten in Anspruch genommen, haben sie nicht Zeit zu lesen und wiederum, was nützt ein Buch demjenigen, der keine Zeit zum Lesen hat? — „Wenn der Protestantismus Recht hat, wenn man um sein „Heil zu wirken die Bibel lesen muß, sagt wiederum der Pro=
„testant Lessing, wie sehr beklage ich dann euch alle, die ihr „in Ländern geboren seid, deren Sprache nicht im Stande ist, „den Inhalt der Bibel wieder zu geben! **) Ihr, die ihr in „Lagen und Umgebungen geboren seid, wo man durchaus aller „Kenntnisse entbehrt, ihr könnt die Bibel nicht lesen und ihr „glaubt Christen zu sein, weil ihr getauft seid? Unglückliche! „Seht ihr denn nicht, daß es zum Seelenheile eben so noth= „wendig ist, lesen zu können, als getauft zu sein? Und dann „fürchte ich erst noch, ihr müßet, um euers Heiles recht sicher zu „sein, Hebräisch lernen."

Man entgegne ja nicht, es genüge für das Volk, wenn die Pastoren wöchentlich einmal in ihrer Predigt die Schrift lesen und erklären! Diese Erklärungen alle sind ja bloße persönliche Meinungen und Ansichten, die auf keinerlei Autorität beruhen und die nach der Laune eines jeden wechseln, sie sind nicht mehr das geschriebene Wort Gottes, sondern das mündliche Wort des Pastors.

Das Volk mag also lesen können oder nicht, immerhin ist es unmöglich, daß die Bibel die einzige Regel des Glaubens sei. Hätte Gott dieselbe als solche aufgestellt, so hätte er beinahe alle Menschen von seiner Kirche und von der ewigen Seligkeit aus= geschlossen. Eine solche Behauptung wäre eine Gotteslästerung.

5) Aber auch die Protestanten, welche die hl. Schriften

---

*) Man vergesse nicht, daß während fünfzehn Jahrhunderten, das heißt bis zur Erfindung der Buchdruckerkunst, beinahe Niemand aus dem Volke lesen konnte. Allen diesen Leuten wäre es also unmöglich ge= wesen zum wahren Glauben zu gelangen!
**) Wissenschaftliche Berichte von gelehrten Protestanten selbst haben dar= gethan, daß es durchaus unmöglich ist, die Bibel in gewisse Landes-Sprachen zu übersetzen, indem ihnen die Ausdrücke fehlen, um die meisten in der Bibel enthaltenen Begriffe wieder zu geben.

lesen können und sie wirklich lesen, kann die Bibel nicht die einzige Glaubensregel bilden, denn es ist ihnen, auf ihrem protestantischen Standpunkt, unmöglich zu wissen, ob die Bibel wirklich das Wort Gottes ist. — Wir fordern alle vergangenen, gegenwärtigen und zukünftigen Protestanten auf, uns aus und nach ihren Grundsätzen zu beweisen, daß die Bibel wirklich Gottes Wort enthalte? Sie werden dies ewig nie zu thun im Stande sein. — Für uns, als Katholiken, ist die Frage längst entschieden. Die Kirche Gottes, die lebendige und unfehlbare Autorität, welche Christus auf Erde eingesetzt hat, um die Menschen zur Kenntniß und zur Ausübung des wahren Glaubens zu leiten, diese Kirche gibt uns die heiligen Schriften in die Hände und sagt uns im Namen Jesu Christi: „Diese Schriften sind die Schriften der Propheten und der Apostel, sie sind nicht nur ächt, das heißt wirklich von denjenigen Männern verfaßt, denen man sie zuschreibt, sondern sie sind auch von Gott eingegeben, inspirirt, das heißt, unter dem Beistande des heiligen Geistes geschrieben und sie enthalten wahrhaft Gottes Wort." — Ich glaube an die Lehre der Kirche, und deßwegen sage und glaube ich ganz folgerecht: die Bibel ist Gottes Wort.

So kann aber der Protestant, welcher die Autorität der Kirche verwirft, nicht schließen. Mit seiner Bibel in der Hand muß er jede Antwort schuldig bleiben, wenn man ihn fragt, warum er an dieselbe glaube.

a) Sind die Bücher der hl. Schrift wirklich ächt — so wollen wir zuerst die Protestanten fragen. Woher wißt ihr, daß sie wirklich durch die Propheten und Apostel, deren Namen sie tragen, verfaßt worden sind? Das wissen die Protestanten nur aus der mündlichen Ueberlieferung der katholischen Kirche, und es entstehen für sie, ohne Annahme dieser Ueberlieferung, hier eine Menge so verwickelter, historischer Fragen, von denen mehrere an und für sich wirklich unentwirrbar sind. „Jedes Individuum," sagt der protestantische Professor Scherer *) „ist hier „berufen, über Fragen zu entscheiden, über welche selbst Gelehrte „zweifeln und verschiedener Meinung sind. Der einfachste Gläu= „bige muß, ehe er seines Glaubens sicher ist, mit hinlänglichen

---

*) La critique et la Foi, par E. Schérer de Genève.

„Kenntnissen über Authentizität, Kritik und Geschichte ausge=
„rüstet sein."

b) Aber auch zugegeben, was indeß unmöglich ist, ein Pro=
testant könne, ohne Annahme der mündlichen und der kirchlichen
Autorität, mit Sicherheit wissen, daß die Bücher der hl. Schrift
wirklich von den Evangelisten verfaßt worden sind, wie will
er denn ferners wissen, daß sie nicht etwa blos gewöhnliche gute
Bücher, sondern daß sie wirklich vom heiligen Geiste einge=
geben worden sind?

Es ist möglich, sogar sehr wahrscheinlich, daß Paulus, Jo=
hannes, Matthäus ꝛc. ꝛc. eine Menge Briefe und vielleicht sogar
religiöse Werke geschrieben haben, die nicht vom heiligen Geiste
inspirirt waren. Wie will man nun aber ohne die unfehlbare
Autorität der Kirche wissen, welche von den Schriften dieser
Verfasser inspirirt sind und welche nicht?

Will man etwa sagen, jeder Christ könne dieselben durch
den Beistand des heiligen Geistes erkennen?

Aber wenn das ist, wie kommt es, daß unter den Prote=
stanten über diesen Punkt so viel Uneinigkeit herrscht, daß z. B.
Luther Bücher verwirft, welche Calvin anerkennt und daß die
heutigen Protestanten wieder Bücher anerkennen, welche ihre Väter
verworfen? wie z. B. das Buch Tobias, das Buch Ruth und
Esther, den Brief des heiligen Jakobus und den des heiligen
Paulus an die Hebräer ꝛc. ꝛc.?

Können sich doch selbst die Protestanten über die vier
Evangelien nicht einigen und selbst noch in unsern Tagen aner=
kennt der eine Pastor blos das Evangelium des hl. Matthäus,
der andere bloß dasjenige des hl. Johannes ꝛc.

Die Frage über die Inspiration der heiligen Schriften
ist unstreitig eine Hauptfrage und gerade diese Hauptfrage muß
jeden Protestanten schon beim ersten Schritte hemmen, den er
auf dem Wege der eigenen Forschung und Beurtheilung thun
möchte. Es ist dieß für den Protestanten eine vernichtende
Schwierigkeit.

c) Selbst wenn ein Protestant über die Aechtheit und gött=
liche Eingebung der heil. Schrift sich Gewißheit verschaffen
könnte, woher weiß er, ob die Uebersetzung, deren er sich
bedient, oder die er unter seine Umgebung vertheilt, vollkommen
getreu ist, ob sie nicht, wie es oft geschieht, statt des wahren

Sinnes des Originals, bloß den irrigen Sinn des Ueber=
setzers wiedergibt?

Es gibt auch unter den Protestanten verhältnißmäßig nur wenige Gelehrte, welche die hebräische Sprache hinlänglich kennen, wenigstens um dieselbe vollkommen getreu zu übersetzen; und über= dieß weiß man nicht einmal, in welcher Sprache einige unserer heiligen Bücher ursprünglich verfaßt worden sind.

Die Autorität der Kirche enthebt uns Katholiken, wie ge= sagt, aller dieser schwierigen, oft unmöglichen Untersuchungen und die aufrichtigen, gewissenhaften Protestanten, welche trotz dieser Schwierigkeiten und Widersprüche an die Wahrheit und die gött= liche Eingebung der hl. Schrift glauben, glauben im Grunde bloß auf das Zeugniß ihrer Väter, welche ihrerseits dieses Zeug= niß von der kathol. Kirche erhalten haben, und so sind sie im Grunde gewissermaßen Katholiken, ohne es zu wissen. In der That! So oft ein Protestant sich auf die Autorität der Bibel beruft, so beruft er sich im Grunde auf die Autorität der Kirche, ohne deren unfehlbares Zeugniß jeder Beweis der Aechtheit der hl. Schrift unmöglich ist. „Ich würde den Evangelien nicht glauben, schrieb schon im vierten Jahrhundert der hl. Augustin, wenn nicht die Autorität der katholischen Kirche mich dazu bewegte. (Evangeliis non crederem, nisi me cogeret Ecclesiæ catholicæ auctoritas.)"

6) Der protestantische Grundsatz, welcher die Bibel als einzige Glaubensregel aufstellt, ist endlich unwahr, weil er zu den absurdesten Folgen führen muß und wirklich geführt hat. Wenn die Bibel nach der Privat=Eingebung jedes Individuums die wahre und einzige Richtschnur des Glaubens bildete, so wäre auch jeder in seinem Gewissen verpflichtet, zu glauben und zu thun, was er in derselben finden würde.

Daher müssen auch nach diesem ihrem so gerühmten Grund= prinzip die Protestanten alle jene abscheulichen und unzüchtigen Greuel und Thorheiten so vieler vorgeblich evangelischen Sekten billigen, welche alle, von den Wiedertäufern an bis auf die Mor= monen herab, ihre Schändlichkeiten auf Schrifttexte zu stützen wagen. Noch mehr, sie sind genöthiget, diese Wiedertäufer, diese Mormonen, diese niederträchtigen Sektirer, welche eine Schande der Menschheit bilden, als ihre rechtmäßigen Brüder, als gute, konsequente Protestanten anzuerkennen.

Wie viele Gräuel der Unzucht haben sie nicht durch das Wort der Bibel: „Wachset und vermehrt euch", zu rechtfertigen gesucht! Die Wiedertäufer von Münster und viele andere nach ihnen fanden darin die Rechtmäßigkeit der Vielweiberei. Luther, Bucer und Melanchthon erlaubten Philipp, dem Landgrafen von Hessen, zwei Weiber auf einmal zu haben, versteht sich immer nach Bibel und Gottes Wort. Durch Bibel und Gottes Wort reizte Luther die Bauern zum Aufruhr gegen ihre Fürsten auf; durch Bibel und Gottes Wort forderte er dann wieder, über sein eigenes Werk erschrocken, die Fürsten auf, die Bauern ohne Barmherzigkeit niederzumetzeln. In der Bibel fand Johann von Leiden, er müsse acht Weiber auf einmal heirathen. In der Bibel fand Herrmann, er sei der von Gott gesandte Messias; Nicolas, der Glaube sei unnöthig und man müsse in Sünden leben, damit die Gnade desto besser wirken könne; Symphon, man müsse ganz nackt durch die Gassen gehen, um den Reichen zu zeigen, daß sie Alles ausziehen sollen; Richard Hill findet in der Bibel, Ehebruch und Mord seien Werke, welche zum Guten wirken und Weslei, der Stifter jener Methodisten, welche in Frankreich sich so sehr rühren, fügt bei, daß wenn zu diesen Verbrechen noch die Blutschande komme, das Leben auf Erde viel heiliger und im Himmel viel freudiger werde!!

Kurz, ehrliche Protestanten selbst gestehen ein, es gebe keine Sünde, keine Abscheulichkeit, die nicht schon durch irgend einen (ohne die Autorität der katholischen Kirche ausgelegten) Bibel-Text ihre vorgebliche Rechtfertigung gefunden hätte.

Was ist von einem Grundsatze zu halten, welcher solche Folgen hat? Kann derselbe von Gott stammen und Wahrheit enthalten? Der Ruf der fanatischen Protestanten: „Begnügt euch einzig mit dem Worte Gottes, welches in den heiligen Schriften enthalten ist und wie ihr es in denselben findet; höret nicht auf die Kirche und ihre Priester, nicht auf die mündliche Ueberlieferung, nehmet und leset einzig nur die Schrift" — dieser Ruf ist nicht wahr, ist nicht christlich.

B. Die katholische Kirche verbietet nicht das Bibellesen, wohl aber verbietet sie das Lesen verfälschter oder unerläuterter Bibeln.

Den Katholiken ist verboten, die hl. Schrift zu

lesen. Das ist ein Satz, welchen die Proselytenmacher täglich mit einer unglaublichen Zuversicht behaupten, gerade als wenn sie denselben im Credo der Katholiken gefunden hätten. Daß sie so etwas vor einem fanatischen protestantischen Publikum behaupten, welches, sobald es sich um Katholiken handelt, gewohnt ist, alle Absurditäten wie Wasser hinein zu trinken, das läßt sich begreifen; aber daß sie es wagen, dergleichen Behauptungen vor ächten, mit ihrer Religion gründlich vertrauten Katholiken aufzustellen, vor Katholiken, welche beinahe Alle die heil. Schrift besitzen, welche den Inhalt derselben auf den Knieen ihrer Mutter vernommen haben, welche die hl. Schrift in der Schule lernen, welche sie jeden Sonntag lesen hören, — das ist unbegreiflich!

Weit entfernt, ihren Gläubigen das Lesen der hl. Schrift zu verbieten, will die katholische Kirche im Gegentheile, daß sie durch beständige Betrachtung derselben sich nähren und stärken. Aber das Beispiel der Protestanten hat ihr gezeigt, daß dieses Lesen unter Umständen gefährlich werden könne. Deßwegen hat sie gewisse, sehr einfache und sehr weise Vorsichtsmaßregeln vorgeschrieben, nicht um das Bibellesen zu verbieten, sondern um die damit verbundenen Schwierigkeiten und Gefahren zu beseitigen.

Sie verordnet zum Beispiel, daß man sich nur solcher Bibelübersetzungen bediene, welche mit Erklärungen versehen und durch kirchliche Autorität sorgfältig geprüft und bestätiget worden sind. Durch diese Maßregel sind die Gläubigen versichert, daß sie wirklich das Wort Gottes und nicht etwa blos das Wort irgend eines unwissenden oder untreuen Uebersetzers lesen. Diese Maßregel ist daher nicht nur gut und weise, sondern sie ist sogar nothwendig.

Die Kirche beweiset eben dadurch, daß sie unendlich mehr Sorgfalt und Ehrfurcht für die Bibel hegt, als jene frechen Männer, welche unter dem Vorwande, dieselbe jedem zugänglich zu machen, sie auf eine unwürdige Weise profanirt haben. Die katholische Kirche einzig erweiset der Bibel die gebührende Ehre, denn sie einzig begreift den wahren Gebrauch derselben.

Ferners machen wir auf Etwas aufmerksam, was Viele nicht wissen, daß nämlich die hl. Schrift in der katholischen Kirche weit häufiger als bei den Protestanten gelesen wird. Täglich liest man in der heiligen Messe Bruchstücke aus dem alten Testament oder aus den Briefen der Apostel oder aus den heiligen

Evangelien. Viele Katholiken tragen das Neue Testament oder wenigstens die vier Evangelien gewöhnlich bei sich; in Seminarien ist dieser fromme Gebrauch sogar strenge vorgeschrieben. Es gibt wenige Priester, die nicht täglich einige Zeit der Lesung und der Betrachtung der hl. Schrift widmen, und das tägliche Brevier-Gebet der Priester, besteht es nicht größtentheils aus den Psalmen und den wichtigsten Abschnitten und Stellen des Alten und Neuen Testamentes?

Die heilige Schrift ist das Testament, das Vermächtniß Gottes. Und wir fragen: Welcher Sohn zeigt mehr Ehrfurcht für den letzten Willen seines Vaters; derjenige, welcher denselben demüthig aus den Händen derjenigen Behörde empfängt, welcher sein Vater die Aufbewahrung und Auslegung desselben anvertraut hat; oder jener, welcher dieses Testament nimmt, dasselbe nach seinem Gutdünken zustutzt, verwendet und auslegt, den Stürmen aller Zänkereien hingibt und gestattet, daß es das Spielzeug aller Launen und die Mit-Ursache aller Irrthümer werde?

Einige fanatische, unredliche, lügnerische Pastoren haben sogar zu behaupten gewagt, die katholische Kirche habe über die Bibel selbst ihren Fluch ausgesprochen. Bedarf eine solche Verläumdung einer Widerlegung? Was die Kirche verdammt, das sind die verstümmelten, verfälschten und mit religionsfeindlichen Erklärungen versehenen Bibeln; gegen was sie eifert, das sind jene unzähligen ehrenrührigen Schmähschriften, jene Aufreizungen zum Abfall, mit denen man die Austheilung des Testaments Jesu Christi begleitet; was sie der Verachtung aller rechtschaffenen Leute preisgibt, das sind jene treulosen und lügnerischen Verlockungen: „Nehmet und leset dieses Buch, leset vorzüglich die „Anmerkungen, welche dem Texte beigegeben sind und ihr werdet „sehen, daß die katholischen Priester Betrüger sind, die euch täu= „schen, die euch in der Unwissenheit erhalten, die euch nur be= „herrschen wollen ıc. ıc." Hat die Kirche etwa Unrecht, Mißtrauen zu hegen, wenn sie sieht, mit welcher fanatischer Wuth Sektirer, welche oft weder an die Bibel noch an Christus glauben, Freimaurer, Revolutionärs und erklärte, anerkannte Gottlose sich dieser Bibelverbreitungen annehmen?

Oft auch sind diese Bibelverbreiter nichts anderes als politische und revolutionäre Wühler. Man vernehme das merkwürdige Urtheil, welches Dr. Leo, ein berühmter deutscher Protestant, gleich ausgezeichnet durch hohen Geist sowohl als tiefe Gelehrsamkeit, über dieselben und ihre Umtriebe in Italien ausspricht.

„Der Papst, sagt er, hat gewisse Bibelverbreiter eine Pest „genannt und wenn ich Papst und ein Italiener wäre, so würde „ich das Nämliche thun. Untersuchen wir einmal ehrlich, mit „welcher grenzenlosen Rücksichtslosigkeit und Schamlosigkeit die „Sendlinge der englischen, protestantischen Gesellschaft sich in ka= „tholischen Ländern benehmen, wie ihnen alle Mittel gut und „recht sind, um die Bibel zu verbreiten, wie sie dieselbe ohne „Unterschied unter solche vertheilen, welche gerade am wenigsten „fähig sind, sie zu verstehen; wie die Lehren, welche sie verbrei= „ten, die Geister verwirren, die Moral verletzen, die gesellschaft= „liche Autorität und die kirchliche Ordnung erschüttern und wie „deren ganze Wirksamkeit mit einem Worte eine revolutionäre „ist. Die Bibelgesellschaften waren in den letzten Zei= „ten nichts anderes als Werkzeuge in den Händen der „Urheber jener fluchwürdigen Umtriebe, welche Italien „drunter und drüber gekehrt haben. Der protestantische „Eifer Englands bahnt dann überdies durch dieses Mittel — „mit der Bibel in der Hand — seiner Politik und dem Handel „den Eintritt in Italien: Die Bibel ist die Schafshaut, „unter welcher sich der Wolf verbirgt."

Da haben wir die Entscheidung dieser Frage durch einen Protestanten selbst. Die Bibel ist in den Händen dieser fana= tischen Protestanten nur eine heuchlerische Schafshaut, in welche sich der Sektengeist und die Revolution vermummen. Aber die Hirten, welche die Heerde Jesu Christi weiden, haben unter dem erborgten Gewande das reißende Thier aufgespürt und entdeckt. Wer wird wagen, sie zu tadeln, daß sie über den Wolf schreien?

C. Die fanatischen Protestanten stehen in der Wirk= lichkeit selbst im Widerspruch mit der Bibel.

Die Bibel, die ganze Bibel, nichts als die Bibel! so schreien die gelehrten und die gemeinen protestantischen Fana= tiker uns beständig in die Ohren. Die Bibel ist das ganze Wort Gottes, die ganze Religion. Man lese nur die Bibel und man ist sicher, in derselben den Glauben und zwar den wahren Glau=

ben zu finden, man ist sicher, durch dieselbe sein Heil und zwar leicht und wohlfeil zu erlangen. Wollt ihr des römischen Aberglaubens los und ledig werden, leset die Bibel; wollt ihr eine leichte, bequeme Religion ohne irgend welche lästige Uebungen, verschaffet euch eine Bibel; wollt ihr für Bekehrte und Auserwählte Gottes gelten, so kauft euch nur Bibeln. —

So falsch auch der Grundsatz ist, daß ein auf alle mögliche Weise auslegbares Buch die einzige Regel und Richtschnur des Glaubens sein soll, so ist man doch zur Annahme berechtigt, daß dieser Grundsatz wenigstens von denjenigen, welche ihn aufstellen, geachtet und beachtet wurde. Aber Nichts weniger! Man darf nur die Bibel öffnen, um in derselben zwischen dem Worte Gottes und den Lehren der fanatischen Protestanten in den wichtigsten Punkten die schreiendsten Widersprüche zu finden.

Hier nur einige Beispiele:

1) **Die Protestanten sagen:**

In Religionssachen gibt es keine andere Autorität als die Bibel. Ihr einzig muß man glauben, jede durch Menschen ertheilte Belehrung, außer der Bibel, ist Anmaßung, widerrechtlicher Eingriff und Lüge.

Die heilige Schrift sagt:

„Wie mich der Vater gesandt hat, so sende auch ich euch. (Johann IV. 58.) Gehet also und lehret alle Völker, taufet sie im Namen des Vaters, des Sohnes und des hl. Geistes und lehret sie Alles halten, was ich euch befohlen habe. (Matth. XXVIII. 18.) Wer euch hört, der hört mich und wer euch verachtet, der verachtet mich. (Luc. X. 16.) Was ihr immer auf Erden binden werdet, das soll auch im Himmel gebunden sein und was ihr immer auf Erden lösen werdet, das soll auch im Himmel gelöset sein." (Matth. XVIII. 18.)

2) **Die Protestanten sagen:**

Die Kirche hat die Lehre Jesu Christi verfälscht und sie ist in den ersten Jahrhunderten von der Hölle schon überwältigt worden.

Die heilige Schrift sagt:

„Du bist Petrus, (der Felsenmann) und auf diesen Fels will ich meine Kirche bauen und die Macht der Hölle wird sie nie überwältigen." (Matth. XVI. 18.)

3) Die Protestanten sagen:

In Religionssachen ist man nur der Bibel Gehorsam schuldig.

Die hl. Schrift sagt:

„Gehorchet euern Lehrern und Führern, denn sie wachen über euern Seelen und müssen Rechenschaft darüber ablegen." (Hebr. XIII. 17.)

4) Die Protestanten sagen:

Die Bischöfe sind überflüssig, ihr Amt ist ein angemaßtes.

Die hl. Schrift sagt:

„Der hl. Geist hat euch zu Bischöfen bestellt, um die Kirche Gottes zu regieren." (Apost. Gesch. XX. 28.)

5) Die Protestanten sagen:

Die hl. Schrift ist leicht zu verstehen, und wer sie liest, ist vor jedem Irrthum sicher.

Die hl. Schrift sagt:

„In diesen Briefen ist manche Stelle schwer zu verstehen, diese, so wie andere Schriftstellen verdrehen Unwissende und Unbefestigte zu ihrem eigenen Verderben." (II. Petr. III. 16.)

6) Die Protestanten sagen:

Wir wollen keine Tradition.

Die hl. Schrift sagt:

„Haltet die Lehre fest, die euch von uns m ü n d l i c h oder schriftlich mitgetheilt worden ist." (II. Thess. II. 15.)

7) Die Protestanten sagen:

Alles, was Jesus gethan und gesagt hat, findet sich im Evangelium, man hat nicht nöthig, noch außerhalb desselben zu suchen.

Die hl. Schrift sagt:

„Es gibt aber noch vieles Andere, das Jesus gethan hat; allein wenn man jedes in's Besondere aufschreiben wollte, so würde, glaube ich, die Welt die Bücher, die dann zu schreiben wären, nicht fassen." (Joh. XXI. 25.)

8) Die Protestanten sagen:

Es gibt keine andere Lehre der Apostel als die, welche sie

geschrieben haben. Sie haben uns keinen andern Unterricht als ihre Briefe hinterlassen.

Die hl. Schrift sagt:

„Was du vor so vielen Zeugen von mir gehört, das vertraue treuen Menschen, welche selbst tüchtig sind, andere darüber zu belehren." (Paulus Tim. II. 2.) „Ich hätte noch vieles zu schreiben, aber ich will es nicht durch Papier und Tinte mittheilen; sondern ich hoffe euch zu besuchen und mündlich zu sprechen, um euere Freude voll zu machen." (II. Joh. 12.)

9) Die Protestanten sagen:

Wir werden alle sündenlos geboren. Die Sünde Adams geht nicht auf die Kinder der Christen über.

Die hl. Schrift sagt:

„Durch einen Menschen ist die Sünde in die Welt gekommen und durch die Sünde der Tod und so hat sich der Tod über alle Menschen verbreitet, indem alle in diesem einzigen gesündiget haben." (Rom V. 12.)

10) Die Protestanten sagen:

Die Rechtfertigung und das Heil werden einzig durch den Glauben bewirkt. Wenn der Mensch selbst auf irgend eine Weise dazu beitragen will, so sündigt er, die (guten) Werke sind unnütz.

Die hl. Schrift sagt:

„Was kann es nützen, meine Brüder, wenn Jemand sagt, er habe den Glauben, aber die Werke nicht hat, kann ihn wohl der Glaube selig machen? .... Der Glaube, wenn er keine Werke hat, ist an und für sich todt. ... Wurde unser Vater Abraham nicht wegen seinen Werken für gerecht erklärt, als er seinen Sohn Isaak als Opfer auf den Altar legte. ... Seht ihr also nicht, daß der Mensch durch die Werke gerecht wird und nicht durch den Glauben allein. „Jakob II. 14.)

11. Die Protestanten sagen:

„Die Taufe hat keine Kraft zur Wiedergeburt in sich, sie ist eine bloße Ceremonie, durch welche man in die Gemeinschaft der Christen aufgenommen wird. Calvin und seine Schüler sagen, die Taufe sei zur Seligkeit nicht nothwendig und wer das

Gegentheil behaupte, verdiene ausgepfiffen zu werden." (Institut
L. IV. C. 15, 16.)

Die hl. Schrift sagt:

Und Jesus Christus lehrt: „Wahrlich, wahrlich, ich sage euch, wer nicht geboren wird aus dem Wasser und dem heiligen Geiste, der kann nicht in das Reich Gottes eingehen." (Joh. III. 5.)

12) Die Protestanten sagen:

„Der Heiland wollte nicht seinen Leib zur Nahrung (der Seelen) hingeben. „Es ist dieß ein durch die römische Kirche ersonnener Irrthum."

Die hl. Schrift sagt:

Jesus Christus hingegen lehrt: „Ich bin das Brod des Lebens, welches vom Himmel herabgekommen ist; wer von diesem Brode ißt, wird ewig leben. Und zwar ist das Brod, das ich geben werde, mein Fleisch, das ich zum Leben der Welt aufopfern werde. . . . Hierüber zankten sich die Juden und sprachen unter einander: Wie kann dieser uns sein Fleisch zu essen geben? Und Jesus antwortete ihnen und sprach: Wahrlich, wahrlich, ich sage euch, wenn ihr das Fleisch des Menschensohnes nicht esset und sein Blut nicht trinket, so habt ihr das Leben nicht in euch. Denn mein Fleisch ist wahrhaft eine Speise und mein Blut ist wahrhaft ein Trunk." (Joh. VI. 48 ꝛc. ꝛc.)

13) Die Protestanten sagen:

„Die Behauptung, die Gewissen binden oder lösen zu können, ist Anmaßung und Tyrannei. Keinem Geschöpfe ist eine solche Gewalt gegeben worden."

Die hl. Schrift sagt:

„Was du immer auf Erden binden wirst, soll auch im Himmel gebunden sein und was du immer auf Erden lösen wirst, soll auch im Himmel gelöset sein." (Matth. XVI. 19.) „Wahrlich ich sage euch: Was ihr immer auf Erde binden werdet, soll auch im Himmel gebunden sein und was ihr immer auf Erde lösen werdet, soll auch im Himmel gelöset sein." (Matth. XVIII. 18.)

14) Die Protestanten sagen:

„Gott einzig läßt die Sünden nach und er hat den Menschen nicht Gewalt ertheilt, dieselben nachzulassen."

Die hl. Schrift sagt:

„Empfanget den heiligen Geist, welchen ihr die Sünden nachlasset, denen sind sie nachgelassen und welchen ihr sie behaltet, denen sind sie behalten." (Johann XX. 22.)

15) Die Protestanten sagen:

„Zu den Apostelzeiten findet man noch keine Nachricht von dem Sünden-Bekenntnisse (Beichte)."

Die hl. Schrift sagt:

„Daß in Folge eines durch den hl. Paulus gewirkten Wunders viele Juden und Griechen, glaubten und offenherzige Bekenntnisse, ihrer Handlungen ablegten." (Apostelgeschichte XIX. 18.)

Es wäre ein Leichtes, diese Vergleichungen zwischen der Lehre der fanatischen Protestanten und zwischen dem geschriebenen Worte Gottes, noch weiter zu entwickeln: wie viele Punkte könnte man sogar anführen, über welche die Bibel schweigt und welche die Protestanten dennoch glauben und ausüben! Wo haben sie z. B. in den heiligen Schriften gefunden, daß man im neuen Bunde statt des durch das Mosaische Gesetz vorgeschriebenen Sabats (Samstags) den Sonntag heiligen soll? Auf welchen Schrifttext wollen sie sich stützen, um die Taufe der kleinen Kinder, welche noch kein Glaubensbekenntniß ablegen können, zu rechtfertigen? In welcher Schriftstelle finden sie die göttliche Inspiration jeder einzelnen Bücher, welche die Bibel ausmachen? Und doch schreiben die protestantischen Glaubensformeln in schnurgeradem Widerspruch mit ihrer Glaubensregel „Nichts als die Bibel" die Heiligung des Sonntags, die Kindertaufe und den Glauben an die göttliche Inspiration der heiligen Schriften vor und huldigen somit hierin, wenn auch gegen ihren Willen, abermals der mündlichen Ueberlieferung und der Autorität der Kirche, welcher Christus den Auftrag und die Vollmacht gegeben hat, die Völker zu lehren.

Auch haben diese Widersprüche viele Protestanten dahin gebracht, daß sie die Bibel, auf welche sie ihre Lehre nicht mehr zu stützen vermögen, gänzlich verwerfen. Eine Menge Pastoren

betrachten dieselbe, wie ein anderes, bloß menschliches Buch. „Es
„ist allerdings unläugbar, sagt der protestantische Pastor Co=
„querel, daß die hl. Schriften Widersprüche und faktische Irr=
„thümer enthalten." *) Und der Magistrat von Berlin erklärt
in einer, im Namen des Berliner Protestantismus erlassenen
Adresse: „Für die Mehrheit der Protestanten sind die Schrift
„und die symbolischen Bücher bloß Zeugnisse über die Entstehung
„und Ausbildung des Christenthums, sie sind blos menschliche
„Werke und enthalten nicht die absolute Wahrheit." **) —
Professor Strauß und seine Schüler finden in den hl. Schriften
nur Märchen und Legenden ***); und um das Gemälde zu
vollenden nennt Professor Scherer von Genf die hl. Schrift
eine „kabalistische Bauchrednerei."

Das haben protestantische Fanatiker aus der Bibel
gemacht; sie widersprechen ihr in Theorie und Praxis, sie wür=
digen dieselbe zu einem gewöhnlichen Buche herab und machen
aus ihr eine Sammlung unwürdiger Legenden ꝛc. Was Alles
sie aber nicht im Geringsten hindert, fort und fort gegenüber
den Katholiken die Behauptung festzuhalten: „Nichts als die
Bibel!"

Zweites Feldgeschrei:

„Fort mit den katholischen Ceremonien und Abgöttereien;
„hoch das Urchristenthum!"

Ein beliebtes Schlagwort protestantischer Proselytenmacher
lautet! „Wir Protestanten wollen und haben nichts als das
„Urchristenthum; Ihr Katholiken aber seid in Lehre und Kultus
„von dem Urchristenthume ab= und allerlei Abgöttereien anheim=
„gefallen."

Schon die Stifter des Protestantismus hatten diesen Ruf
erhoben und es war und ist fortan eine Lieblingsbehauptung aller
Sektirer, daß der Protestantismus das Christenthum der ersten
Zeiten wieder in's Leben gerufen oder noch besser, daß er selbst
nichts anderes als gerade das Urchristenthum sei.

---

*) Le Lien, 6. Mai 1852.
**) Leben Jesu von Dr. D. Strauß ꝛc.
***) La Critique et la foi, pag. 20—22. Segur Kap. X. XII.

Um solchen Ansprüchen einige Wahrscheinlichkeit zu geben, haben protestantische Schriftsteller mit einem, einer bessern Sache würdigen Eifer sich wiederholt bemüht, in den verschiedenen Fraktionen der Reformation die Charaktere des Urchristenthums zu suchen. Aber mit welchem Erfolg? Mag man diesen Protestantismus, welcher vor 300 Jahren noch nicht existirte, noch so sehr mit alterthümlichen Spinngeweben umhüllen, wie die Weinhändler ihre Flaschen; sobald man diese Flaschen aufpfropft und ihren Inhalt prüft, so findet man, daß sie nicht alt, sondern neu, daß sie höchstens eine alte Form, aber keinen alten Inhalt haben.

Um die Katholiken gründlich aber kurz zu unterrichten, wie sie sich im Umgang mit Protestanten gegen diese Angriffe zu vertheidigen haben, wollen wir vorerst den bestimmten und wahren Begriff von dem Wesen und der Entwicklung der katholischen Kirche aufstellen, welche man so vielfach bald des Stillstandes, bald der Veränderlichkeit anklagt.

Es hat seit jeher nur eine einzige Kirche Jesu Christi gegeben und es kann auch nur eine einzige geben, unveränderlich in ihrem Wesen, wie ihr Haupt und Stifter, Gott, unveränderlich ist. Sie ist indeß ein lebendiger Körper und so vollkommen sie auch in ihrer ersten Stiftung dasteht, so entwickelt sie sich dennoch von Jahrhundert zu Jahrhundert. Bei seinem Eintritt in die Welt hat ja der Mensch auch noch nicht jene Fülle seiner Kräfte, jene Schönheit seiner Bildung, jene Ausdehnung aller seiner Fähigkeiten, in welchen die Vollkommenheit seiner Natur besteht. Zwar besitzt er dieses Alles schon, aber er besitzt es nur im Keime und immerhin bleibt er das nämliche Individuum, sei er Kind, Jüngling, erwachsener Mensch oder Greis.

Gerade so hat auch die Kirche, welche im Speisesaale zu Jerusalem mit zwölf Aposteln ihren Anfang nahm, im Laufe der Jahrhunderte sich vergrößert und entwickelt. Wie ein glänzender, langsam aufgerollter Stoff nach und nach seine prachtvollen Farben enthüllt, so theilt sie auch nach und nach der Welt die Schätze der Belohnung und der Heiligung mit, die sie in ihrem Schooße enthält.

Die katholische Kirche ist immer alt, ist immer neu in Beziehung auf Lehre und Kultus. Ihre heutige Lehre und ihr heutiger Kultus sind noch immer diejenigen der ersten Jahrhunderte, nur in Beziehung auf einige Punkte, denen die Angriffe der Feinde oder die Bedürfnisse der Gläubigen größere Wichtigkeit verliehen, näher und genauer bestimmt.

Wer immer sich ernstlich mit dem Studium des christlichen Alterthums, mit dem Ursprung des Christenthums und mit den Schriften der Kirchenväter beschäftigt, der findet in diesen Zeugen der vergangenen Jahrhunderte unumstößliche, ununterbrochene Beweise für die vollkommene Glaubens- und Religionseinheit der katholischen Kirche von den Zeiten der Apostel an bis auf unsere Tage. Das Papstthum, die katholische Hierarchie, das Priesterthum, das heil. Meßopfer, die Beichte, die Verehrung der seligsten Jungfrau, der Heiligen, der Reliquien, das Gebet für die Abgestorbenen, mit einem Worte Alles, worüber protestantische Fanatiker uns anfeinden, findet sich in diesen eben so authentischen als ehrwürdigen Urkunden vollständig gerechtfertiget. Es findet sich dieß nicht nur in den Schriften der Kirchenväter vor, welche seit den ersten Jahrhunderten in vollkommener Aechtheit auf uns gekommen, sondern wir haben in neuester Zeit hiefür ein früher weniger bekanntes Beweismittel erhalten, auf das wir hier vorzugsweise aufmerksam machen wollen.

Die seit 25 Jahren in den Katakomben Roms veranstalteten Nachforschungen schaffen täglich hiefür neue Beweise zu Tage, und gelehrte Protestanten, welche die Hauptstadt der christlichen Welt besuchen, nehmen keinen Anstand, die unumstößliche Aechtheit und die religiöse Wichtigkeit dieser Entdeckungen anzuerkennen. *) Inschriften, Gemälde, Denkmäler, Alles erinnert an unsern gegenwärtigen Kultus und zeigt uns die Spuren und und Beweise unseres Glaubens. Die Katakomben enthalten zahlreiche Kapellen mit Altären, in denen sich Reliquien der Märtyrer befinden. An den Mauern verkünden halb erloschene Fresko-Gemälde den Glauben der ersten Christen an die sakramentalische Gegenwart Christi, an das Meßopfer, an die Beichte, an die Verehrung Mariens ɔc. ɔc. — kurz Alles beweiset, daß die Katakomben das Papstthum, den Episkopat und das Priesterthum gekannt haben.

---

*) Viele der zahlreichen Bekehrungen, welche jährlich zu Rom vorkommen, sind durch einen Besuch in den Katakomben veranlaßt worden. Gerade Vicomte de Bussieres z. B. verdankt es diesen Zeugen und Beweisen der katholischen Wahrheit, daß er gegenwärtig zu den eifrigsten Söhnen und Vertheidigern der hl. Kirche Gottes zählt.

Wenn jene Christen, deren Gebeine in diesen ursprünglichen Begräbnißstätten des Christenthums ruhen, wieder in unsere Mitte zurückkämen, wo würden sie die Religion und die Kirche, in denen sie ehemals gelebt, finden? Nur in den **katholischen** Kirchen würden sie den Glauben und den Kultus der apostolischen Zeiten wieder finden. Der Protestantismus würde sie mit dem nämlichen Befremden erfüllen, mit welchem die Irrlehren der ersten Jahrhunderte sie schmerzten.

Aber entgegnet man „der **protestantische Kultus** ist doch „wenigstens **einfacher** und daher mit der Vorzeit jedenfalls ver= „wandter als der katholische." Wie die liturgischen Bücher nach= weisen, ist der katholische Klerus heutzutage in der Wesenheit noch derselbe, wie er zur Zeit der Apostel bestanden, er hat sich nur in der zufälligen, äußeren Form nach Zeit und Ort, wie die Kirche selbst, mehr oder weniger entfaltet; der protestantische Kultus aber ist im Grunde kein Kultus. Man sage ja nicht, der protestantische Kultus sei einfach. Er ist geradezu leer und nackt.

Wer ist je in einem protestantischen Tempel gewesen und hat diese Wahrheit nicht gefühlt? Oft war derselbe eine alte ka= tholische Kirche und es verursacht wahrlich Herzweh, wenn man sieht, was der kalte, engherzige Kalvinismus, Zwinglianismus ꝛc. aus ihr gemacht hat. Nach dem Sturze eines Königs wird sein Haus ein einfaches Haus, sein Thron ein gemeiner Lehnstuhl. Gerade so haben jene Sekten, welche den König der Könige aus seinem Heiligthum verjagten, dasselbe seines Schmuckes beraubt und entweiht; der Altar, auf welchem das göttliche Opfer dar= gebracht worden, ist niedergerissen; die bildlichen Darstellungen des Leidens und Todes Jesu Christi, die Bildnisse der Heiligen sind verschwunden; die Beichtstühle, in welchen der Büßer den Frieden seines Herzens wieder fand, sind verbrannt; vier Mauern, einige Bänke, eine Kanzel, ein Tisch und ein Prediger, welcher am Sonntag eine Rede hält, das genügt ihnen, um den Schöpfer des Himmels und der Erde zu verehren!

Bei den Katholiken, sagt ein **protestantischer** Schrift= steller, *) sind die bewunderungswürdigsten Kunstschöpfungen der Verschönerung der Kirchen geweiht, während die Protestanten sich in einen, jedes Schmucks entbehrenden Tempel, wie in ein Ge=

---
*) Clausen I.

fängniß, einsperren, was sie aber nicht hindert, an ihre Privat=
wohnungen alle Schätze der Kunst zu verschwenden.

Bei den Katholiken wird die Kirchenmusik als ein wichtiger
Theil der religiösen Feierlichkeiten betrachtet; in den protestan=
tischen Ländern wird die Musik allenthalben gehegt und gepflegt,
nur nicht in den Tempeln.

Die Protestanten lieben wohl den Comfort, sie lieben nnd
suchen zu Hause Bequemlichkeit und Pracht; nur im Hause Got=
tes, da ist es ganz anderes. Im Hause Gottes, sagen sie, und
im Dienste Gottes muß alles von der größten Einfachheit sein.
Aber wäre es nicht noch viel einfacher, ohne Tempel und Cultus
zu leben? Schlafen, Essen, Trinken, Leben und Sterben, das
wäre doch gewiß das non plus ultra der Einfachheit. —

Sage man nicht: „Gott bedürfe keines prachtvollen Gottes=
dienstes, sondern er verlange nur unser Herz." Dieß wissen
die Katholiken so gut als Jemand. Aber Gott bedurfte auch
der Pracht des salomonischen Tempels nicht, er bedurfte nicht des
Goldes, des Weihrauchs und der Myrrhen, welche ihm die Wei=
sen in der Grotte zu Bethlehem darbrachten; und wird denn
Jemand behaupten wollen, diese Kundgebungen der Ehrfurcht und
Liebe hätten ihm mißfallen? —

Die Majestät des Cultus erhebt durch ihre äußerlichen Ce=
remonien unsere Seele zu Gott und ruft unsere ohnehin zur
Zerstreuung so geneigte Phantasie ohne Unterlaß zum Gebete
zurück. Wir bestehen aus Leib und Seele und daher sollen auch
Leib und Seele, soll unser ganzes Wesen zur Verherrlichung
Gottes beitragen; die Seele durch Ehrfurcht, Anbetung und Liebe,
unsere Sinne durch den religiösen Gebrauch, zu welchem wir sie
in den Kirchen verwenden und durch welche sie eben gereiniget
und geheiliget werden. Der Cultus ist der Ausdruck des Glau=
bens, je lebendiger der Glaube ist, desto prachtvoller wird auch
der Cultus sein. Im Gegentheile, je ärmer der Glaube, desto
nackter der Cultus. Und diese kalte, todte Nacktheit nennen die
Protestanten: Einfachheit. Es ist leider nur zu wahr, gesteht
der protestantische Schriftsteller, den wir oben angeführt, „die
„äußerliche Nacktheit der nicht=katholischen Kirchen stimmt gut zu
„dem, was in ihrem Innern vorgeht."

„Ich gehöre nicht zu denjenigen, sagt der protestan=

tische Philosoph Leibnitz *), welche die menschliche Schwach=
heit vergessend von dem Gottesdienste Alles auszschlie=
ßen, was die Sinne rührt, unter dem Vorwande, man
müsse Gott im Geiste und in der Wahrheit anbeten."
„Und" ein anderer Protestant fügt bei: „Man hat so
viel von der Anbetung im Geiste und in der Wahrheit
gesprochen, daß endlich Geist und Wahrheit gänzlich
aus unsern Tempeln verschwunden sind." **)

Die protestantischen Proselytenmacher und Propagandisten
sind gewohnt, den Ruf: „Fort mit der katholischen Abgöt=
terei" gleich einer zweischneidigen Waffe auszubeuten, einerseits
um die katholische Religion in den Augen ihrer protestantischen
Konfessionsgenossen in ein gehässiges Licht zu stellen und ander=
seits, um schwache, schlechtunterrichtete Katholiken in ihre Netze zu
treiben.

Die Propagandisten wissen aus ihrer täglichen Erfahrung
gar wohl, daß die antikatholischen Vorurtheile bei dem pro=
testantischen Volke eine Hauptrolle spielen; daher suchen sie die=
selben jederzeit zu nähren. Diese Vorurtheile sind. um so stärker,
weil sie protestantischer Seits in der Regel mit der Muttermilch
eingesogen, durch die Erziehung entwickelt, vermehrt, aber, ehren=
volle Ausnahmen vorbehalten, nie gründlich untersucht werden.
Mit der besten Meinung von der Welt und ohne die geringste
Idee eines Zweifels betrachten auch heutzutage noch viele ehrliche
Protestanten die katholische Kirche als eine Schule veralteten Aber=
glaubens, ihre Priester als Betrüger, welche das Volk zum besten
halten, und ihre Gläubigen als Schwachköpfe, welche die Heiligen,
sogar die Bilder derselben anbeten und Abgötterei treiben.

Der große Bossuet war nach seinen Controversen mit den
berühmtesten Pastoren seiner Zeit zur Ueberzeugung gelangt, daß
das Haupthinderniß zur konfessionellen Verständigung auf Seite
der Protestanten in ihrer, durch Vorurtheile veranlaßten Unkennt=
niß der katholischen Religion liege. In dieser Ueberzeugung ver=
faßte er seine berühmte Exposition de la Doctrine catholique
(„Darstellung der katholischen Lehre"), welche die Pastoren und
Prediger seiner Zeit in solche Verwirrung setzte, daß sie den Ver=

---

*) Leibnitz, Syst. theolog. p. 107.
**) Pusteuchen=Glanzow.

fasser kurzweg beschuldigten, er habe die katholische Lehre zum Vortheile seiner Sache entstellt.

Bossuet unterwarf hierauf seine Exposition dem Urtheile des hl. Vaters und mehrerer Bischöfe und veranstaltete eine zweite Ausgabe, versehen mit der Approbation des Papstes und mit zahlreichen bischöflichen Beistimmungen.

Wahrheitsliebende Protestanten, welche dieses Buch studirten, fanden in demselben die katholischen Lehren, welche sie bisher auf die Angabe der Pastoren als abergläubisch und abgöttisch betrachtet, ganz anders, als wie sie ihnen von ihren Lehrern von Jugend an vorgestellt worden waren, und dieß genügte, daß z. B. der berühmte **Turenne** und der **Marquis de Dougeau**, Klein=Sohn des Hugenotten=Papsts **Duplessis-Mornay** und mit ihnen eine Menge ausgezeichneter Personen wieder zur Kirche ihrer Väter zurückkehrten.

Die Unwissenheit und die Vorurtheile der Protestanten in Betreff der katholischen Religion übersteigen in der Regel alle Begriffe und das nicht nur etwa in den niedern Volksklassen, sondern selbst in den gebildeten und gelehrten Ständen. Ein Beispiel unter Tausenden. Albert von Haller, wohl der gelehrteste Mann seines Jahrhunderts und daher der „Große" genannt, wurde auf seinem Krankenbette von seinem Mitbürger P. Dießbach, einem Konvertiten, besucht, und dieser fand den großen Haller, wie er nach diesem Besuche auf sein Ehrenwort erklärte, in Bezug auf die katholische Kirche so u n w i s s e n d als den gemeinsten Berner=Bauern.

Um sich von diesen Vorurtheilen und dieser Unwissenheit ein treues Bild zu machen, darf man übrigens nur die Predigten vieler Pastoren anhören oder ihre Schriften lesen. Behaupten Sie nicht beinahe einstimmig, daß wir Katholiken die seligste Jungfrau anbeten, daß wir dieselbe als eine Göttin betrachten und ihr göttliche Allmacht zuschreiben? Gibt es nicht sogar solche, die uns beschuldigen, daß wir auch den Papst anbeten, daß wir eine Menge anderer Thorheiten annehmen, welche man sich geradezu schämen sollte, vernünftigen und unterrichteten Menschen auch nur zuzumuthen.

„Statt des Schöpfers beten die Katholiken das Geschöpf an." Das ist ihr gewöhnlicher Vorwurf, ein Vorwurf, der in einem fort auf allen protestantischen Kanzeln er=

tönt, den man in allen ihren Schriften und Journalen findet und der sogar in öffentlichen Monumenten eingeprägt ist. *) Und wenn man denselben auch tausendmal erklärt, daß die Katholiken nur Gott anbeten, das hilft Alles Nichts; wir sind in ihren Augen eben so gut Abgötterer als die Hottentoten und die Chochinchinesen.

Wiederholen wir es indeß hier noch einmal: Wir Katholiken beten Gott und einzig Gott an. Wir beten Jesus Christus an, weil er Gott ist. Die seligste Jungfrau hingegen und die Heiligen beten wir nicht an. Wir ehren und verehren sie, wir erweisen ihnen, was wir der Mutter und den treuen Freunden unseres göttlichen Erlösers zu erweisen schuldig sind. Wir nehmen unsere Zuflucht zu ihrer Fürbitte, weil ihr Gebet heiliger und Gott angenehmer ist als das Unsrige. Wir halten ihre Bildnisse in Ehren, wie wir die Bildnisse unserer Eltern und Wohlthäter verehren; nicht um dieselben anzubeten, sondern um durch diese Bilder das Andenken an ihre Personen in uns zu erneuern und ihnen unsere Pietät zu bezeugen. Was ist wohl natürlicher? Man muß wahrhaft einen sehr verschrobenen Kopf haben, um hierin etwas Verdammungswürdiges oder gar eine Abgötterei zu finden.

Die Beschuldigung, daß wir den Papst, weil wir vor demselben uns auf die Knie zu werfen gewohnt sind, anbeten, ist zu lächerlich, als daß sie eine Widerlegung verdient; ein Gläubiger, welcher auf seinen Knieen den Segen des Papstes oder des Bischofs empfängt, betet dieselben deßwegen ebensowenig an, als ein Sohn, welcher den väterlichen Segen knieend entgegennimmt, deßwegen seinen Vater anbetet.

Wir schließen diese Erörterungen über den Kultus der katholischen Kirche mit der einfachen Bemerkung, daß das beste Mittel zur Ausrodung der protestantischen Vorurtheile wäre, wenn die Protestanten dasjenige Buch lesen wollten, welches wir selbst unsern kleinen Kindern in die Hände geben, nämlich den — katholischen Katechismus; sie würden sich dadurch selbst über-

---

*) Zu Neuenburg in der Schweiz hatten die Protestanten auf die Stiftskirche eine Inschrift in diesem Sinne anbringen lassen, Über welche selbst Rousseau sich ärgerte und fragte, ob denn die Väter der Neuenburger vor der Reformation — Heiden gewesen seien?

zeugen, daß unser Kultus aus dem Urchristenthum stammt und daß wir damit keine Abgötterei treiben, sondern daß eine Art Abgötterei vielmehr auf Seite jener protestantischen Propagandisten liegt, wenn solche unbegründete Vorurtheile fortwährend gleich einem Zauber=Götzen zu ihren selbstsüchtigen Zwecken ausbeuten.

Drittes Feldgeschrei:
„Fort mit der katholischen Geld=Religion; hoch die evan= „gelische Armuth!"

Wie mit dem Vorwurf der Abgötterei, so verhält es sich auch mit der Anschuldigung, daß die katholische Kirche Geld=spekulation treibe.

Allerdings muß der katholische Priester gleich anderen Menschen sein Leben fristen und daher von dem Ertrag seiner Arbeit leben, wie dieß Jesus Christus selbst gelehrt hat, und wie dieß auch die protestantischen Pastoren thun. Allein hierauf beschränken sich alle seine irdischen Ansprüche; Geld machen darf und kann er nicht.

Die katholische Kirche hat von der christlichen Urzeit an bis auf den heutigen Tag die strengsten Vorschriften gegen jede Märkterei im Heiligthum erlassen. Kein Priester darf durch Kauf, Bestechung 2c. sich irgend eine Pfründe verschaffen, ansonst er als der Simonie schuldig, den strengsten Kirchenstrafen anheimfällt und von selbst der so erworbenen Pfründe verlustig wird. Läßt er sich durch Geld zum Mißbrauch heiliger Handlungen bestechen, so fällt er wieder dem strengsten kirchlichen Gerichte anheim. Laut Kirchengesetzen ist endlich der katholische Priester sogar verpflichtet, Alles, was er von seiner Pfründe über den anständigen Lebensunterhalt hinaus bezieht, für die Kirche und die Armen zu verwenden. Wie darf man eine Kirche, welche solche Vorschriften aufstellt und handhabt, eine Geld=Religion nennen?

Uebrigens sind die katholischen Pfründen durchschnittlich keineswegs reich dotirt, jedenfalls bedeutend geringer als die protestantischen. Eine sachbezügliche Vergleichung aus einigen Ländern wirft auf diese Verhältnisse ein interessantes Licht und zeigt schlagend, wie unbillig und unbescheiden sich dieser Vorwurf in dem Mund und in den Schriften der protestantischer Propagandisten ausnimmt.

In England z. B. belaufen sich die Einkünfte der protestantischen Geistlichkeit auf ganz fabelhafte Summen. Wir verweisen hier auf den in dem englischen Parlament selbst vorgelegten Bericht über die apostolische Armuth (!) der protestantischer Bischöfe Irlands, welche beinahe keine Protestanten in ihren Sprengeln haben und dieses Geld von den armen, durch das Elend erschöpften katholischen Irländern erpressen. Folgendes ist der Bericht:

	Pfd. St.
Stepford, Bischof von Cork hat seiner Familie hinterlassen	25,000
Perci, Bischof von Drommore	40,000
Cleaver, Bischof von Feras	50,000
Bernard, Bischof von Limmerik	60,000
Kcox, Bischof von Killaloc	100,000
Beresford, Erzbischof von Tuam	260,000
Fowler, Erzbischof von Dublin	150,000
Porter, Bischof von Clopher	250,000
Howkins, Bischof von Raphoe	260,000
Der Bischof Warburton	600,000
Agar, Erzbischof von Castel	400,000
Zusammen	2,195,000

oder ungefähr 55,000,000 Franken.

So haben blos 11 protestantische Bischöfe, nachdem sie sich wohl gepflegt und fürstlichen Luxus getrieben, die bescheidene Summe von 55 Millionen Franken hinterlassen, während die armen katholischen Irländer, denen man alle diese Summen auspreßt, Hungers sterben und überdieß ihre katholischen Geistlichen nothdürftig erhalten müssen.

In Frankreich zahlt der Staat dem Pastor des unbedeutendsten Dorfes jährlich fünfzehnhundert Franken, und den Pastoren größerer Städte, wie sich von selbst versteht, noch mehr. Nebst dieser Besoldung haben die Pastoren noch Nebeneinkünfte, welche, obwohl keine bestimmte Taxe existirt, nichts desto weniger in Gebrauch und Uebung und keineswegs unbedeutend sind. Bei der Taufe, bei der sogenannten ersten Communion, bei der Ehe, am Neujahrstage und bei andern ähnlichen Gelegenheiten beziehen die Pastoren in Natura oder in Geld Geschenke, welche gar nicht zu verachten sind; die sogenannte christliche Unterweisung ist ebenfalls für viele derselben eine beträchtliche Quelle des Einkommens, die Begräbnisse endlich sind nichts weniger als unentgeldlich. Vor einiger Zeit z. B. mußte ein Katholik aus Genf in Paris den Leichenzug eines protestantischen Verwandten anführen; nach Beendigung der Ceremonien, welche in einer Leichenrede bestand, fragte er, ob man dem Hrn. Coquerel, der diese Rede gehalten, etwas zu bezahlen habe, und erhielt zur Antwort, es sei Uebung, dem Pastor hundert Franken zu geben. Zu allem dem kommen die Unterstützungen, welche den Pastoren aus dem Schooße der Bibel- und andern evangelischen Gesellschaften in einem fort zufließen. Im Jahre 1856 rühmte sich in Deutschland ein solcher Verein, für seine Agenten in Frankreich eine Summe von ungefähr 8 Millionen verwendet zu haben. Dabei vergesse man ja nicht, daß von diesen Summen, die von allen Seiten in die Taschen des Pastors fließen, der Kultus keinen oder beinahe keinen Antheil in Anspruch nimmt. Ist der Tempel einmal gebaut (und es versteht sich, daß nicht der Pastor diese Baute bezahlt), so ist nichts anderes nöthig, als allwöchentlich ihn einmal auszukehren; da bedarf es keiner heiligen Gefässe, Kleidungen, Beleuchtungen, prachtvoller Ceremonien ꝛc.; der schwarze Pastorrock dient nur an Sonntagen und bei diesem nüchternen Gewerbe muß er nothwendiger Weise lange dauern, und wenn er zu altern anfängt, so findet die Frau Pastorin in seinen weiten Falten noch Tuch genug, um daraus ihrer ganzen jungen Familie Röcke zu schneiden. Der katholische Pfarrer hingegen erhält in Frankreich vom Staat, der ihm überdieß am Schlusse des XVIII. Jahrhunderts alle Kirchengüter geraubt, ein wenig mehr als die Hälfte des am schwächsten besoldeten Pastors und diese Herren schreien in einem fort gegen die katholische Geldreligion! Dazu rechne man noch die Ausgabe, welche der katholische Pfarrer für den Kultus zu machen hat, und von dem, wie gesagt, der protestantische ganz frei ist. Der katholische Kultus in seinen Ceremonien hat auch eine materielle Seite, welche selbst in den ärmsten Gemeinden oft sehr viel kostet. In der geringsten Dorfkapelle sind zur Feier der heiligen Geheimnisse Brod Wein, Beleuchtung, priesterliche Gewänder, heilige Gefässe, verschiedene Linnen und

eine Menge durchaus unerläßlicher Dinge n
Leute, welche nicht damit umgehen, sich keine
und von denen ein großer Theil auf dem Pfar
dieß muß er oft noch die Angestellten der Ki
sind dies meistens Handwerker, die nur von
leben. Nebst diesen speziellen Ausgaben ist
noch vermöge seines Amtes die erste und v
aller Armen und aller Liebeswerke seiner Pfar
sein Herz ihn nicht dazu antriebe, so ist er do
stand dazu genöthiget. Bei allen dem muß
unterhalten.

In der Schweiz wurde soeben eine pr
in Luzern erbaut, und der Gehalt des Pasto
hundert Seelen zu besorgen hat, auf Fr. 350
rend der Gehalt des katholischen Propsten der
über 11,000 katholische Seelen zählt, nicht so
der Gehalt eines Weihbischofs für die ganz
Seelen zählende Diözese Basel kaum auf 3000

Unter solchen Verhältnissen, die wir au
noch weiter ausführen könnten, wird sich kein
über aufhalten, daß der Staat und selbst die
lischen Priester erlauben, für gewisse Funktione
ums kleine Taxen zu verlangen, um diese schr
zwischen ihren Einkünften und Ausgaben ein
gleichen. Dies sind die sogenannten Stolgeb
leicht die unerläßliche Nothwendigkeit derselben
der Revolution reduzirten sich diese Gebühren b
das Wenige, was der Pfarrer verlangte, ha
Zweck, als das Recht festzuhalten, welches d
vom Altare zu leben und für die geistlichen G
Gemeinde spendet, auch ihre zeitliche Unterst
Lebensunterhalt zu verlangen. „Wenn wir eu
„bringen, ist es denn nicht billig, daß wir v
„Gütern leben? Wißt ihr nicht, daß die
„thums von dem leben, was im Heiligthume
„und daß die, welche dem Altare dienen, v
(Paul. Kor. X. 11.)

Die Revolutionärs haben übrigens
dafür gesorgt, daß die katholische Kirche k

werden kann. Da sie die Kirche nicht tödten konnten, so haben sie dieselbe wenigstens rein ausgeplündert, in der Hoffnung, sie werde dann Hungers sterben; allein sie stirbt ebensowenig als die Freigebigkeit der Gläubigen, an welche der katholische Priester sich seither zu wenden gezwungen ist.

Und nun fragen wir: Ist dies eine Geld=Religion? Indessen Ja! Es gibt eine Geld=Religion, und wir wollen sagen, wer dieselbe ausübt. Es sind jene Männer, welche Jahr für Jahr in ihren öffentlichen und geheimen Gesellschaften Millionen um Millionen sammeln; jene Männer, welche mit der Börse in der Hand in die Dachstübchen unserer Arbeiter und in die Hütten unserer Landleute bringen und das Unglück und Elend dieser Leute mißbrauchen, um ihre Seelen zu kaufen. Auf den protestantischen Propagandisten und Proselytenmachern haftet die Schande, eine Geld=Religion zu predigen und zu treiben; nicht aber auf der katholischen Kirche.

Viertes Feldgeschrei:
„Fort mit dem Papst und den kathol. Pfaffen; hoch die „Pastoren und Pastorinen."

Eine von den protestantischen Propagandisten und Prose= lytenmachern sehr geliebte und viel geführte Waffe besteht darin, die katholischen Priester und Missionärs als Leute darzustellen, welche sich als Vermittler zwischen Gott und den Menschen auf= drängen, die sich eine falsche Autorität und eine falsche Stellung im sozialen Leben anmaßen, die sich in Folge des Zölibatgesetzes den Familienpflichten entziehen ıc. ıc., während sie die Pastoren mit ihren Pastorinen als die Vorbilder des evangelischen, priester= lichen und häuslichen Lebens anpreisen.

Die katholischen Priester sind und bleiben allerdings trotz ihres priesterlichen Charakters — Menschen und es kann und wird ihnen wie allen Menschen und wie auch den Pastoren und den Pastorinen hie und da etwas Menschliches begegnen. Fehler Einzelner sollen aber nicht dem ganzen Stande, einem katholischen so wenig als einem protestantischen — aufgebürdet werden.

Allein nicht darum handelt es sich hier, sondern darum, ob der katholische Priesterstand wirklich eine falsche Autorität und soziale Stellung usurpire, ob die protestantischen Pastoren dagegen eine wahre Autorität und wahre evangelische Stellung im Leben einnehmen?

Wenn wir die Sache unparteiisch und gründlich untersuchen, so werden wir gerade zu dem entgegengesetzten Schluß kommen. Man macht sich häufig, selbst katholischer Seits, einen ganz falschen Begriff von den protestantischen Pastoren Man betrachtet sie als eine Art Priester mit einem besondern, heiligen Charakter ausgerüstet, der sie von den übrigen Protestanten unterscheiden und ihnen in Religions-Sachen Autorität über dieselben geben soll. Diesem Vorurtheile ist es zuzuschreiben, daß der Protestantismus mit seinen Pastoren oft dem Katholizismus mit seinen Priestern gleichgestellt wird.

Dieser Begriff entbehrt aber jeder Grundlage und es ist nöthig, denselben vorerst im Allgemeinen zu beleuchten.

Was ist denn eigentlich ein **katholischer Priester**?

Der katholische Priester ist ein Mann, welcher durch das Sakrament der Priester-Weihe ausschließlich Gott geweiht ist. Durch die Hände-Auflegung des Bischofs empfängt er im Namen Jesu Christi einen heiligen, unaustilgbaren Charakter und den Auftrag und die Vollmacht, den Menschen die Religion Jesu Christi zu predigen, das hl. Opfer der Eucharistie zu feiern, die Sünden nachzulassen und so das Volk der Gläubigen zu heiligen. Durch die Priesterweihe empfängt er einen Antheil der Macht Jesu Christi über die Seelen. Er ist Priester für immer und er bleibt Priester, auch wenn er nicht mehr Priester sein wollte; so zwar, daß seine Gewalt und sein Amt von seinen persönlichen Eigenschaften durchaus unabhängig sind. Die Priester sind die Bewahrer des Priesterthums Christi, welcher selbst alle Völker angewiesen hat, die von ihm auserwählten Apostel und Jünger zu **hören**, welcher denselben Gewalt gab, zu **binden** und zu **lösen** auf Erden, die Gläubigen zu **leiten** und zu **hüten**, welcher denselben den Beistand des hl. Geistes und sein Verbleiben mit ihnen bis an das Ende der Zeiten versprach. *) Sie sind die Bewahrer des Priesterthums Christi, welcher selbst in diesem seinem Priesterthum ein Oberhaupt eingesetzt, indem er zu Petrus, den er als Apostel bereits

---

*) Matth. XVIII. — V. XXII. etc. Joh. XXI. — Act. XX.

mit der Kirchengewalt ausgerüstet, sprach: „Du bist der Fels und auf diesen Felsen werde ich meine Kirche bauen." — „Dir werde ich die Schlüssel zum Reiche im Himmel übergeben." — „Stärke deine Brüder." — „Weide meine Schafe, weide meine Lämmer." *) — Die katholischen Priester, der Papst, die Bischöfe, die Pfarrer, sie sind die rechtmäßigen, seit achtzehn Jahrhunderten ununterbrochenen Nachfolger und Träger und Bewahrer des Priesterthums Christi.

Was ist hingegen ein protestantischer Pastor?

Das ist in der That schwer zu sagen, denn wie der Protestantismus selbst, so ist auch der Pastor etwas anderes in Paris als in London; und wieder etwas anderes in London als in Berlin und so fort.

In Mitte dieser so großen Verschiedenheit der Arten bleibt indessen doch die Gattung, die in ihrer Gesammtheit ungefähr so bezeichnet werden könnte: Ein protestantischer Pastor ist ein Protestant, welcher am Sonntag in schwarzer Amtstracht auf die Kanzel steigt, um vor andern Protestanten erbauliche Reden zu halten." Dabei ist er gewöhnlich ein zärtlicher Gatte und ein mit Kindern gesegneter Vater.

Aber unter allen diesen Männern, welche sich Pastoren nennen, finden wir nicht das Geringste, das irgend einen besondern geweihten Charakter an sich trüge; wir mögen suchen, so lange wir wollen, es ist unmöglich, zu entdecken, wo diese Pastoren jene Autorität hernehmen, welche sie brauchen und mißbrauchen in geradem Gegensatze mit dem Hauptprinzip des Protestantismus, nach welchem alle Christen gleich sind und Keiner das Recht hat, dem Andern seine Meinung aufzudringen.

Allerdings ernennt der Staat die Pastoren; aber die Regierung hat nie Anspruch darauf gemacht, Jemanden eine geistliche Gewalt zu übertragen; oder machen vielleicht die Consistorien, welche hie und da auch etwas zur Anstellung der Pastoren zu sagen haben, hierauf Anspruch? Aber wie kann Jemand Andern Etwas übertragen, was er selbst nicht hat?

Was dem Pastoren seine Autorität und seine Gewalt verschafft, das ist am Ende jener tief katholische und durchaus wahre Instinkt, den die Protestanten wider ihren Willen beibehalten

---

*) Matth. XVI. 18. 19. — Luk. XXII. 32. — Joh. XXI. 15—17.

haben. Nämlich das Gefühl des Bedürfnisses einer sichtbaren, lehrenden Autorität in Sachen der Religion. In dieser Beziehung wie in vielen übrigen zehrt also der Protestantismus wiederum von den Ueberresten der katholischen Kirche.

Untersuchen wir nun die oben angedeuteten den katholischen Priestern gemachten Vorwürfe im Einzelnen.

Ein **Haupt-Vorwurf**, welchen die protestantischen Propagandisten als Nachbeter Rousseau's und Voltaires den katholischen Priestern sehr oft machen, besteht darin, daß sich der katholische Geistliche zwischen Gott und den Menschen stelle, die unmittelbaren Mittheilungen des Schöpfers an Geschöpf verhindere. Dieser Vorwurf wäre gegründet, wenn die katholischen Priester dies, wie die Pastoren, ohne ausdrückliche Sendung thäten. Die katholischen Priester begehen keine Anmaßung, sondern sie üben ein Recht und eine Pflicht aus, indem sie Demjenigen gehorchen, der sie gesandt hat, die wahre Religion zu verkündigen, die Irrthümer zu bekämpfen, die Seelen zu retten und zu heiligen, die Sünden loszusprechen und den Gläubigen die Geheimnisse Gottes auszuspenden!

Die katholischen Priester hindern eben so wenig die Mittheilung Jesu Christi an die Seelen, als in den Tagen der Menschwerdnng die Menschheit des Erlösers die Mittheilungen der Gottheit an die Welt hinderte. Im Gegentheil. Durch seine Menschheit theilte sich Gott den Menschen mit, sprach mit ihnen, lehrte sie, segnete sie und gerade diese Menschheit war das von Gott bestimmte Mittel, die Religion, das heißt, das Band, welches den Menschen mit Gott vereiniget, einzuführen.

Da nun aber die Sendung der Kirche darin besteht, das Geheimniß der Menschwerdung und ihre himmlischen Segnungen auf Erde fortzusetzen und zu verbreiten; ist es sich dann zu verwundern, daß Jesus Christus, nun für uns in seiner himmlischen Glorie unsichtbar, sich auch ferner der Menschen bedient, um sein Werk zu vollenden?

Durch seine Priester übt er seine Macht aus, er ist in seinen Priestern, welche Alles nur durch ihn sind. Durch den Papst regiert er und lehrt er unfehlbar seine Kirche; durch die Bischöfe und Priester ist er der Hirte der Seelen, und wenn die protestantischen Propagandisten die katholische Kirche beschuldigen, daß sie sich die Rechte Gottes anmaße, so beweisen sie eben, daß sie von den Geheimnissen des Heiles keinen richtigen Begriff haben.

„Aber warum heirathen die katholischen Priester nicht auch wie die protestantischen Pastoren?" So lautet ein fernerer Einwurf der Propagandisten. Allerdings hat Luther erklärt: „Wer nicht liebt Weib, Wein und Gesang, bleibt ein Narr sein Leben lang." Aber der Apostel Paulus hat Anders gesprochen und gesagt: „Imitatores mei estote sicut et ego Christi. Ahmet mich nach, wie auch ich Jesus Christus nachahme. Seid keusch, wie auch ich keusch bin, und sagt nicht, daß dies un= möglich sei, denn was ich vermag, vermöget auch ihr." Der Cölibat ist es, welcher katholische Priester befähiget, sich ganz ihrem heiligen Amte hinzugeben. Indem sie den geistlichen Stand ergreifen, verpflichten sie sich aus freiem Willen und nach langer Prüfung zu einer vollkommenen Enthaltsamkeit.

Obwohl diese Verpflichtung nicht eine göttliche Verordnung ist, so zeugt sie nichts destoweniger von bewunderungswürdiger Weisheit. Der Cölibat gehört unter die apostolischen und evan= gelischen Räthe und die Kirche wußte gar wohl, was sie that, als sie denselben für ihre Priester in eine bindende Vorschrift umwandelte, und der Teufel weiß auch recht gut, was er thut, wenn er gegen diese segensreiche Institution protestirt. *)

Würden unsere katholischen Priester, wenn sie verheirathet wären, jene Opferwilligkeit besitzen, mit der sie sich oft täglich selbst der Lebensgefahr aussetzen? Würden sie sich nicht zweimal besinnen, wenn es sich darum handelt, einem ansteckenden Kran= ken die letzte Hülfe der Religion zu bringen oder dem nothlei= denden Nächsten den letzten Sparpfennig ihrer Börse hinzugeben? Unter den Nächsten eines verheiratheten Mannes nehmen Weib und Kind immer den ersten Rang ein.

Ein verheiratheter Priester ist übrigens immer etwas, woran sich die Katholiken nie gewöhnen würden. Chorrock und Weiber= rock gehen nicht zusammen. Man kann sich in der That nichts

---

*) Es wird nicht unzweckmäßig sein, hier zu bemerken, daß wenn in den ersten Jahrhunderten die Kirche zuweilen die Weihe schon verhei= ratheten Männern gestattete, sie doch nie zugab, daß ein schon geweihter Priester sich verheirathe.

Lächerlicheres und Abgeschmackteres denken, als was ein gewisser Pastor Bost in seinen unlängst erschienenen Memoiren von sich selbst erzählt. Die Schilderungen seiner apostolischen Reisen, seine Predigten, seine verschiedenen Berufe und sein Ueberzeugungs=Wechsel ist mit einer Menge alberner Geschichtchen von Ehestands=Sorgen, von Fleischtöpfen und Küchengeschirr durchspickt. Nebst seiner Frau, eilf Kindern, zwei Mägden, einem Piano und seinen Kanarienvögeln schleppt der unglückliche Apostel fünfzehn bis zwanzig Jahre lang ein evangelisches Gepäcke von dreizehntausend Pfunden (wörtlich) mit sich herum. *) — Wie rührend erinnert dies an das Urchristenthum, an den hl. Paulus und seinen Wanderstab!

Am schlagendsten widerlegen sich alle diese und ähnliche Vorwürfe, welche die Propagandisten dem katholischen Priester gewöhnlich machen, wenn wir den **katholischen** und den **protestantischen** Missionär neben einander stellen und vergleichen.

Der **katholische** Missionär, entflammt von dem Feuer, welches der Heiland auf der Erde angezündet hat, verläßt sein Vaterland, seine Familie, seine Freunde, verachtet alle Mühseligkeiten und Verfolgungen, ja selbst den Tod, um das Reich seines göttlichen Herrn und Meisters auszubreiten, um Seelen zu retten, um das Werk Gottes zu vollbringen. Seit achtzehn Jahrhunderten hat die katholische Kirche dem Himmel und der Erde eine ununterbrochene Reihe von Aposteln und Martyrern aufzuweisen. Wie zur Zeit des hl. Petrus und Paulus befruchtet auch in unsern Tagen, im gegenwärtigen Augenblicke das Blut unserer Missionäre neue christliche Gemeinschaften. Allenthalben, in allen

---

*) Mémoires pouvant servir à l'historie du réveil religieux des églises protestantes de la Suisse et de la France et à l'intelligence des principales questions théologiques et ecclésiastiques de nos jours etc. etc. par A. Bost ministre protestant. — Der Verfasser hält sich beinahe für einen zweiten Paulus und es würde uns nicht wundern, wenn er seine Memoires als Fortsetzung der Apostelgeschichte hätte erscheinen lassen. Das Buch ist schwerfällig beschrieben und der Verfasser schildert sich darin mit einer seligen Naivität in seinen verschiedenen Beschäftigungen als Gatte, als Vater, als Krankenwärter, Schullehrer, Packknecht, Musiker, Commis-Voyageur auf Rechnung verschiedener Bibelgesellschaften, als Prediger, Missionär ꝛc. ꝛc. Das Werk, so wie es ist, ist sehr belehrend für jeden, der gerne den Protestantismus durch sich selbst geschildert kennen lernen möchte.

Heidenländern setzen sie das katholische Apostolat, welches Jesus am Pfingsttage in seiner Kirche eingesetzt hat, fort. Es wäre durchaus überflüssig, sich hier in Lobpreisungen dieser muthigen Streiter Jesu Christi zu ergehen. Die Gottlosen selbst bekennen laut ihren Heldenmuth, ohne ihn zu begreifen.

Seit etwa fünfzig Jahren wollte der Protestantismus, dem die Lorbeeren unserer Märtyrer den Schlaf raubten, auch seine Missionäre haben. Aber was für Missionäre? Statt des armen kathol. Geistlichen, ohne anderes Gepäcke als sein Kreuz und sein Evangelium, ohne andern Ehrgeiz als den der Verherrlichung unseres Heilandes, ohne andere Hoffnung als die des Märtyrerthumes und des Himmels, sehen die heidnischen Nationen mit Erstaunen, wie englische und holländische Schiffe mitten unter Waarenballen an ihre Küsten Individuen mit Weib und Kind aussetzen, welche mehr das Aussehen von Kaufleuten als von Aposteln haben und mehr Interesse für den Preis des Opiums, des Pfeffers und der Baumwolle, als für den Zustand der Seelen zeigen.

Bei diesen Missionen handelt es sich gar oft blos um nationales oder kommercielles Uebergewicht und dann sind diese Missionäre bloße Geschäfts=Agenten. Sind sie dabei vom religiösen Eifer gespornt, so ist das Resultat ihres Wirkens nicht so fast Christenthum als vielmehr Haß gegen den Katholizismus. Denn nicht für die Sache Jesu Christi sind sie ja gesendet, sondern im Grunde blos gegen den Katholizismus.

Welches ist der gewöhnliche Erfolg der protestantischen Missionärs?

Hören wir hierüber den protestantischen Missionär Rudolph von Rodt. *) Rodt ist einer jener unabhängigen, aufrichtigen Männer, die es verabscheuen, die öffentliche Meinung durch Lug und Trug auszubeuten und Aufrichtigkeit und Wahrheit ihrem Einkommen und dem Beifall einer bethörten Menge zu opfern. Hr. von Rodt wurde 1836 als Missionär nach Ostindien geschickt. Im Jahre 1843 schrieb er voll Entmuthigung, nebst andern Einzelnheiten, deren Anführung hier zu weit führen würde, folgende Zeilen:

„Wir landeten an einer Stelle, die blos eine Meile von

---

*) Sieh historisch=politische Blätter von München.

der Residenz des Missionärs J. A. entfernt war. Ich ließ den Kahn anhalten und schickte mich an, meinem Collegen einen Besuch abzustatten; ich kam an einen kleinen Fluß und ein Mann wies mir eine seichte Stelle. Er sagte mir, er sei ein Christ (Protestant) und wies mit dem Finger auf mehrere Landleute, welche auch Christen wären. Ich fragte ihn, warum sie diese Religion angenommen hätten? Wir sind dafür bezahlt worden, antwortete er mir ohne Umschweife. Ich stellte zum zweiten und dritten Male die nämliche Frage an ihn und erhielt immer die nämliche Antwort."

Diese wahrheitsgetreuen, aber wenig schmeichelhaften Berichte Rodts machten in London und Genf böses Blut. „Meine Freunde," schreibt Rodt, „sind übel auf mich zu sprechen und sie glauben, ich irre mich. Mein Irrthum besteht aber blos darin, daß ich ihnen unsere Sache dargestellt habe, wie sie in der Wirklichkeit ist, ohne dieselbe durch phantasiereiche Schilderungen zu verschönern. Ich bin verdächtig, weil ich es frei herausgesagt habe, daß unsere Arbeiten nur sehr winzige Erfolge haben, und daß die Indier sich nur wegen materiellen Vortheilen bekehren? *) Allein, wenn ich so geschrieben habe, so geschah es bloß deßwegen, weil ich nicht täuschen kann und ich wiederhole und bestätige hiermit alle diese Thatsachen auf's Neue. Wollte Gott, daß ich mich täuschte!"

Einige Zeit später schreibt er mit Schauder, daß das Reich Gottes, weit entfernt sich auszubreiten, im Gegentheil immer mehr abnehme und er beklagt sich, daß Mitbrüder der verschiedenen einander entgegengesetzten protestantischen Sekten sich so sehr erniedrigen, daß sie die Glieder anderer Genossenschaften durch Geld auf ihre Seite verlocken? **)

Gegen das Ende des vorigen Jahrhunderts errichtete man zu Tschinsura, nicht weit von Calcutta, eine Missions-Station, wo zwei, drei, ja sogar vier Missionäre angestellt waren und

---

*) Die Indier nennen solche Bekehrte Reis-Christen, um anzuzeigen, daß sie nur Protestanten geworden, um sich leichter die Nahrungs-Mittel zu verschaffen. Das System ist allenthalben das Nämliche und wir wissen in Frankreich, der Schweiz, Belgien, Piemont und Irland, daß die Protestanten nicht nur unter den Heiden Reis-Christen machen.
**) Brief vom 18. April.

welches ist das Resultat einer vierzigjährigen hartnäckigen An=
strengung? „Durchaus keines, sagt J. von Robt, nicht ein
einziger Indier bekehrte sich." *)
 Diese wichtigen Geständnisse verdanken wir der gewissenhaf=
ten Aufrichtigkeit des Missionärs v. Robt. Unfähig, mit der
Wahrheit zu markten, wußte er gar wohl, daß die protestantischen
Missionäre sich gar selten durch eine solche Aufrichtigkeit aus=
zeichnen. Daher fügt er am Ende seiner Denkschrift bei: „Hier
habt ihr ein neues Gemälde dessen, was in Indien vorgeht.
Ich glaube, man werde nun wissen, was man von den
Missionsberichten zu halten habe, in welchen man, was
schön und gut ist, übermäßig erhebt, das Betrübende
und Niederschlagende aber sorgfältig verschweigt." **)
 In seinen zu Leipzig erschienenen Skizzen über das mit=
tägliche Afrika liefert uns der protestantische Dr. Krezmacher
eben so wichtige Dokumente.
 „Ein sehr großer Theil der farbigen Menschen, sagt er,
flüchtet sich in die protestantischen Missionen, nicht um sich in der
Religion unterrichten zu lassen, sondern um ein bequemes und
behagliches Leben zu führen. Für einige kurze Gebete und eine
fromme Fratze befriedigt die protestantische Philantropie alle ihre
Bedürfnisse . . . . Einige maschinenmäßige Uebungen ausgenom=
men, haben sie gar keine Religion; der Fehler liegt aber nicht
sowohl an ihnen, als vielmehr an den Missionären, welche ihnen
oft die sonderbarsten Begriffe über das Christenthum beibringen."
 „Seit der Ankunft unserer Missionäre, sagt der nämliche
Schriftsteller, sind zu den Leidenschaften des Diebstahls und der
Faulheit noch Unwissenheit und Heuchelei hinzugekommen. In
religiöser Beziehung habe ich allenthalben nur die tiefste Unwis=
senheit und ein Gemisch alberner, unzusammenhängender Phrasen
über die Sünde, über den Teufel und das Lamm Got=
tes angetroffen. Einige hergestotterte und beinahe immer
selbst demjenigen, der sie ausspricht, unverständliche Verse aus

---

*) Brief vom 17. Dezember.
**) Es wäre zu weitläufig, hier alle die verschiedenen Dokumente über
die Fruchtlosigkeit der protestantischen Missionen anzuführen. Wir ver=
weisen daher auf das Werk des H. Hönighaus „Die Reform gegen
die Reform" I. II. C. IX. Dort findet man Geständnisse von Protestanten
selbst und von Missionären der verschiedenen Sekten.

der hl. Schrift, sind die einzige Wegzehruug des Sterbenden, der im Begriffe ist, in die Ewigkeit hinüberzuscheiden."

Welch' ein Unterschied zwischen diesen schmerzlichen und durch den Augenschein ausgepreßten Geständnissen und jenen hochtrabenden Berichten, welche die protestantischen Gesellschaften alljährlich drucken lassen, um den Eifer, und vor Allem die Freigebigkeit ihrer Gläubigen aufzustacheln!

„Wenn man diesen rührenden Berichten Glauben schenken wollte, sagt Dr. Krezmacher, so würden die protestantischen Missionäre in die wildesten Wüsteneien vordringen und sich in Mitte von Crocodilen, Löwen, Schlangen und Menschenfressern dem gewissen Tode aussetzen. Blos mit der Bibel bewaffnet ziehen sie in unbekannte Länder, die mit Federn geschmückten Schwarzen ziehen auf sie los, ihre Keulen nnd tödtlichen Wurfspieße schwingend. Aber der Missionär öffnet seine Bibel und fängt an zu lesen, gleich in welcher Sprache, und die überraschten und gerührten Wilden fallen ihm voll Bewunderung zu Füßen und küssen inbrünstig die Stiefel des Gottesmannes — und die guten protestantischen Seelen sind ganz voll Rührung und Bewunderung, die Kasse der Gesellschaft füllt sich und das Kunststück ist gespielt."

Die Bulletins der Bibelgesellschaften melden uns alljährlich voll des Triumphs, wie viele Bibeln man versendet habe, um dieselben unter den Wilden auszutheilen; aber sie melden uns nicht, was die Wilden mit den empfangenen Bibeln machen. Wie oft haben die katholischen Missionäre in sogenannten protestantisch bekehrten Ländern die Blätter des heiligen Buches zu den unwürdigsten Zwecken verwendet gesehen, als Pfröpfe auf Flintenladungen, als Hüttenbedeckungen, als Sonnenschirme ꝛc. ꝛc.? Die in's Chinesische übersetzten und nach China expedirten Bibeln, sagt das „neue asiatische Journal" (eine protestantische Revue *) wurden dort öffentlich versteigert und großentheils durch die Schuhmacher gekauft, die sich derselben bedienten, um Pantoffeln zu füttern.

„Was unsere Versuche anbetrifft, die Heiden zu bekehren, schreibt Oberst=Lieutenant Napier, ein protestantischer Engländer, in seinem interessanten Werke: South-Africa, so bin ich innig

---

*) T. III, p. 43.

überzeugt, daß sie durchaus gescheitert haben. Die Kaffern haben, wie man weiß, die Missionsbibeln als Pfröpfe auf die Ladungen ihrer Flinten gebraucht, die Hottentotten sind mehr als je dem Saufen und den Ausschweifungen ergeben und verkünden wir es laut zur Schande der Strafbaren, gewisse Leute, vor denen man Ehrfurcht haben sollte, sind weit entfernt, das Beispiel der Sittlichkeit zu geben."

Wenn die protestantischen Missionäre auch nichts als ihre Uneinigkeiten gegen sich hätten, so wäre das einzig hinlänglich, um ihre Anstrengungen erfolglos zu machen. Die Ungläubigen haben es mit einer wahren babylonischen Sprachverwirrung zu thun, mit Anglikanern, Lutheranern, Methodisten, Puritanern ꝛc. ꝛc. Wenn der heilige Paulus mit Recht sagt: „Wie sollen die Heiden hören, wenn man ihnen nicht predigt?" so kann man mit eben so viel Recht von diesen Missionären sagen: „Wie soll man ihnen glauben, wenn sie sich selbst untereinander nicht verstehen?"

Zum Schlusse wollen wir nur noch das Urtheil anführen, welches Alexander Dumas über die protestantischen Missionärs fällt; *) sein Zeugniß ist gewiß nicht verdächtig.

„In der einen Hand die Bibel, in der andern einen Preis-Courrant (Waarentaxe), sagt er, durchziehen diese guten Apostel die Welt. Mit der einen Hand säen sie das Wort des Evangeliums, mit der andern sammeln sie Dollars und betreiben zur größern Ehre Gottes und zur größern Häufung ihres Vermögens geistliche und weltliche Geschäfte gleichzeitig miteinander."

„Ich weiß es nicht, ob es daher kommt, weil ich im Schooße der katholischen Kirche geboren bin; aber ich muß gestehen, die protestantischen Missionäre, denen ich zur Zeit meiner Reise begegnete, kamen mir immer als lebendige Negationen des Evangeliums vor."

„Für sie ist jeder Neubekehrte ein neuer Consument und sie funktioniren am Altare des wahren Gottes nur, um gleichzeitig am Altare des goldenen Kalbes zu funktioniren" — fügt Segür bei.

Man beurtheilt den Baum nach den Früchten. Wenn

---

*) Impressions de voyage du Docteur Maynard, feuilleton de la Presse.

man die bewunderungswürdigen Missionsarbeiten der katholischen Kirche mit den erbärmlichen Resultaten der protestantischen Missionen vergleicht, so sieht man beim ersten Blicke, auf welcher Seite das Werk Gottes ist, auf welcher Seite der Priester mit oder ohne Autorität steht, auf welcher Seite eine falsche Macht und falsche soziale Stellung usurpirt wird, ob auf Seite der katholischen Priester und Missionärs oder auf Seite der protestantischen Pastoren und Pastorinen? *)

Fünftes Feldgeschrei:
„Fort mit der katholischen Intoleranz; hoch die protestan="tische Toleranz."

„Wir Protestanten sind tolerant, „Ihr Katholiken seid intolerant," so lautet das bekannte Lied, welches die Propagandisten aus allen Tonarten vorgeleiert und das ihre blinden Anhänger an allen Straßenecken so oft nachgeleiert haben, daß nicht nur sie selbst allmälig daran glauben, sondern daß hie und da sogar Katholiken in diese falsche Melodie miteinstimmen und das Lied nachsingen.

Um in dieses Chaos falscher Töne wieder Reinheit zu bringen und den wahren Akkord oder richtiger: den Akkord mit der Wahrheit wieder herzustellen, wollen wir dieses Kapitel einläßlicher behandeln und aus dem Einen Kapital eigentlich vier machen.

Wir erörtern:
1) Die sogenannte protestantische Toleranz.
2) Die sogenannte katholische Intoleranz.
3) Einige Histörchen über angebliche katholische Intoleranz, als:
    a. Inquisition;
    b. Bartholomäusnacht;
    c. Dragonaden in den Cevennen.
    d. Brand von Magdeburg.
4. Geständnisse der alten und neuen protestantischen Intoleranz.

---

*) Vergl. Segur, Kap. XV—XIX.

I. Angebliche protestantische Toleranz.

Der Protestantismus hat der Welt — so rühmen die Propagandisten — ein unschätzbares Gut gebracht, nämlich die — religiöse Toleranz und wir erwidern hiefür mit Segür: Grundloferes und Falscheres als diese Behauptung gibt es Nichts auf dieser Welt. In der That, was sagt uns die Geschichte? Allenthalben wurde die Reformation auf eine gewaltthätige Weise eingeführt. Die ersten Früchte derselben in Deutschland, Schweiz, England, Schweden ꝛc. waren immer Bürgerkriege, Verbannungen und Mordthaten. Und durch die nämliche Gewaltthätigkeit, durch welche der Protestantismus seine Einführung erzwang, erzwang und erzwingt er auch seine Aufrechthaltung.

Jedermann kennt das Gebahren des englischen Protestantismus den Katholiken gegenüber, welch' blutige Gesetze er gegen dieselben erlassen und vollzogen hat und mit welch' rohem Despotismus er noch im gegenwärtigen Augenblicke das treue und unglückliche Irland niedertritt.

Ein berühmter protestantischer Geschichtsschreiber, William Cobbet, sah sich in seinem Gewissen verpflichtet, gegen seine eigene Nationalkirche folgendes zerschmetternde Zeugniß abzugeben.

„Diese Kirche, sagt er, die unduldsamste, die es je gegeben hat, zeigte sich der Welt nur mit Dolchen, Beilen, Foltern und Marter=Werkzeugen bewaffnet, ihre ersten Schritte waren mit dem Blute ihrer zahllosen Schlachtopfer bezeichnet, während sich ihre Arme unter der Last der ihnen geraubten Güter bogen."

Er führt offizielle Akten des Parlaments an, aus welchen hervorgeht, daß in Folge der gegen die Katholiken errichteten Blutgerüste und Scheiterhaufen in weniger als 6 Jahren die Bevölkerung um ein Dritttheil vermindert wurde. Unter Todesstrafe durfte kein katholischer Priester den englischen Boden betreten oder dort Messe lesen. Unter Todesstrafe durfte Niemand einem solchen eine Zufluchtsstätte gewähren. Unter Todesstrafe mußte Jedermann die Königin Elisabeth als das Haupt der Kirche Jesu Christi anerkennen. Eine starke Geldstrafe war darauf gesetzt, wenn Jemand nicht dem protestantischen Gottesdienst beiwohnte. „Das Verzeichniß der unter der Regierung Elisabeths wegen dem Verbrechen des Katholizismus hingerich=

teten Personen, fügt der protestantische Geschichtsschreiber bei, *) würde eine zehnmal größere Liste ausmachen, als die unserer gesammten Land- und Seetruppen zusammen genommen."

„Die englische Kirche hat sich seither in dieser Beziehung nicht geändert, sie hat seit den Tagen ihres Entstehens bis auf den gegenwärtigen Augenblick den nämlichen Charakter beibehalten. Ihre in Irland verübten Greuel haben selbst diejenigen Mahomeds übertroffen und man müßte ein eigenes Buch schreiben, um alle diese Beweise der englischen Intoleranz anzuführen."

Eben so hat auch der Calvanismus in F r a n k r e i ch sich den Franzosen aufzubringen gesucht. Während mehr als einem Jahrhundert weiß die Geschichte Frankreichs nur von Aufruhr, von Empörungen und Plünderungen zu erzählen, deren die Hugenotten sich allenthalben schuldig machten, wo ihre Lehre hindrang. Diese ganze Periode ist ein Gewebe von Unordnung, Treulosigkeit und grausamen Handlungen. Und ist es sich etwa darüber zu verwundern? Predigte doch Calvin laut und offen, man müsse alle Könige und Fürsten, welche den Protestantismus nicht annehmen wollten, von ihren Thronen stürzen und ihnen eher in's Antlitz speien als gehorchen. Treulich befolgten seine Anhänger diesen Rath; sie machten sich Meister von Orleans, verheerten die Ufer der Loire, die Normandie, l'ile de France und vorzüglich Languedoc, wo sie allenthalben die gräßlichsten Heiligthumsschändungen und Grausamkeiten begingen. Zu Montauban, Castres, Béziers, Nimes und Montpellier verboten diese großen Lobredner der Toleranz und Gewissensfreiheit unter den härtesten Strafen jede Ausübung des katholischen Gottesdienstes. Wer kennt nicht den berühmten Calvinisten-Häuptling Baron des Adrets, der nach der Einnahme von Montbrison sich das unschuldige Vergnügen machte, den Ueberrest der gefangenen Besatzung von einem hohen Thurme herunterspringen zu lassen? So ungefähr behandelten die Protestanten alle Städte, die das Unglück hatten, in ihre Hände zu fallen. Allenthalben wurden die Kirchen entheiligt, die heiligen Gefäße geraubt, die Priester und Mönche verjagt oder ermordet, allenthalben die entsetzlichsten

---

*) Brief von Sir William Cobbet an Lord Tenbreden, englischer Oberrichter, welcher vor dem versammelten Parlamente die Toleranz des englischen Protestantismus zu rühmen gewagt hatte.

Greuel und verabscheuungswürdigsten Sacrilegien verübt. Dies Alles sind anerkannt historische Thatsachen, welche nicht einmal die Protestanten zu bestreiten wagen, die im Gegentheil es sich oft unkluger Weise anmerken lassen, daß sie diese glücklichen Zeiten des französischen Protestantismus wieder zurückwünschen.

Die Abscheulichkeiten, welche die Holländer verübten, um den Protestantismus in den Niederlanden auszubreiten, und besonders die Marter und Folter, zu welchen die Abgesandten des Prinzen von Oranien, Lamerk und Sonoi ihre Zuflucht nahmen, kann Niemand lesen, ohne vor Entsetzen zu schaudern. Der Letztere vorzüglich war Meister in der Kunst, die Körper zu quälen, um die Seelen zu verderben. Ein protestantischer Holländer, M. Kerroux *), hat uns eine Beschreibung der Mittel hinterlassen, durch welche dieser Tiger die ihrer Religion treuen Katholiken marterte. Man höre! „Die bei den grausamsten Foltern übliche Verfahrungsweise war für diese Unschuldigen blos der erste und unterste Grad. Ihre auseinander gerenkten Glieder, ihre durch Ruthenstreiche zersetzten Körper wurden in mit Branntwein getränkte Leinwand gewickelt und diese dann angezündet, und in diesem Zustande ließ man sie, bis ihr durch das Feuer geschwärztes und zusammengeschrumpftes Fleisch an allen Körpertheilen die Nerven offen sehen ließ. Oft brauchte man bei einem halben Pfunde Schwefelkerzen, um ihre Achselhüfte und Fußsohlen zu brennen. So gemartert ließ man sie mehrere Nächte hindurch ohne Decke auf der bloßen Erde liegen und mißhandelte sie überdies mit Schlägen, um sie nicht einschlafen zu lassen. Zur Nahrung gab man ihnen Häringe und andere ähnliche Lebensmittel, die ihnen einen brennenden Durst verursachen mußten, ohne ihnen selbst bei den qualvollsten Martern auch nur ein Glas Wasser zu gewähren. Man setzte Hornissen an ihren Nabel und zog dann den Stachel, welche diese Insekten in denselben hineingegraben hatten, wieder heraus. Es geschah nicht selten, daß Sonoi zum Gebrauche dieses entsetzlichen Tribunals eine gewisse Anzahl Ratten schickte, diese legte man auf die Brust und den Bauch der Unglücklichen, unter ein eigens zu diesem Zwecke ausgehöhltes steinernes oder hölzernes Werkzeug, welches man mit Brennstoff bedeckte, dieser wurde angezündet und so die Thiere

---

*) Abrégé de l'histoire de la Hollande par M. Kerroux, T. II. p. 130.

gezwungen, um der Hitze zu entfliehen, sich in das Herz und die
Eingeweide der unglücklichen Schlachtopfer hineinzufressen. Dann
brannte man die Wunden mit glühenden Kohlen, oder goß zer=
schmolzenen Speck über die blutenden Glieder. Andere noch
eckelhaftere Gräßlichkeiten wurden mit einer Kaltblütigkeit verübt,
deren die grausamsten Kanibalen und Menschenfresser kaum fähig
sein würden; aber der Anstand gebietet uns, zu schweigen."

Was die protestantische Toleranz in England that, was sie
auch in Frankreich und Holland thun wollte, das thut sie, wenn
auch in veränderter Form, noch gegenwärtig in Schweden.
Auch in Schweden wurde die Reformation mit Gewalt und
Blutthaten eingeführt und die religiösen Gesetze dieses Landes
haben ihren barbarischen Charakter bis auf unser Jahrhundert
beibehalten. In unserer Zeit sind sechs Familien zur Verban=
nung verurtheilt und aller ihrer Güter beraubt worden, aus dem
einzigen Grunde, weil sie katholisch geworden. In Norwegen,
in Dänemark, in Preußen, in Deutschland, in der
Schweiz,*) kurz allenthalben, wo der Protestantismus herrscht,
zeigt er sich als erklärter Feind und intoleranter Gegner der
katholischen Kirche. Führen wir zum Beweise nur zwei Bei=
spiele an.

Auf der protestantischen Synode von Bremen rief Pastor
Sander von Elberfeld, indem er von dem Papste und den Vä=
tern der Gesellschaft Jesu sprach: „Protestantische Regierungen
dürfen nicht einmal die Existenz derselben dulden, noch viel we=
niger dürfen sie ihnen Freiheit lassen."

Zu Genf in der Schweiz haben die Protestanten voll
Eifersucht über die Fortschritte des Katholizismus (Anno 1840
bis 1843) einen besondern Verein gebildet, dessen Mitglieder sich
verpflichten:

„Bei den Katholiken nichts zu kaufen;

„den Katholiken keine Arbeit zu geben und sie da=
durch in völlige Armuth zu stürzen;

„dahin zu streben, daß alle Aemter und Stellen
ausschließlich von Protestanten besetzt werden."

---
*) Vergl. K. L. v. Hallers Geschichte der Reformation in Bern und
der Westschweiz über die ältere und die Berichte der Schweiz.-Kirch.-Ztg.
über die neuere Zeit.

Und das Alles thun Leute, welche das Wort „Toleranz" beständig im Munde führen, Leute, unter deren Regiment man allerdings Ungläubiger, Pantheist, Atheist, kurz Alles, was man will, nur nicht Katholik sein darf; das ist die vielgerühmte protestantische Toleranz!

II. Angebliche katholische Intoleranz.

Wir haben gesehen, waß wir von der sogenannten protestantischen Toleranz zu halten haben. Untersuchen wir nun auch, wie es sich mit der allgemeinen Beschuldigung der Intoleranz verhält, welche gewisse Leute den Katholiken stets in's Angesicht schleudern.

Was Lehre und Glauben betrifft, so ist die katholische Kirche allerdings unbeugsam, und in dieser Beziehung, wenn man will, intolerant. In der Religion, so gut wie in der Mathematik, ist Wahrheit Wahrheit und Irrthum Irrthum und zwischen Wahrheit und Irrthum ist jede Verquickung unmöglich, von Seite der Wahrheit ist jedes Markten und Nachgeben unmöglich. Würde sich dieselbe auch nur das Geringste vergeben, würde sie dem Irrthum auch nur das Geringste einräumen, so würde sie aufhören, Wahrheit zu sein.

Zwei und zwei machen vier; das ist, und darum ist es eine Wahrheit. Wer also immer das Gegentheil behauptet, behauptet eine Falschheit, sei die Abweichung geringer oder größer, der Irrthum ist und bleibt immerhin Irrthum. Zweimal zwei sind vier; mag man sich nun um ein Tausendstel oder um eine Million täuschen, so lange man nicht sagt: Zweimal zwei sind vier, befindet man sich immer außerhalb der Wahrheit. — Die Wahrheiten, deren Bewahrerin und Lehrerin die Kirche ist, sind eben so gewiß als die mathematischen Wahrheiten. Nur haben sie unendlich wichtigere Folgen, deßwegen lehrt und vertheidiget die Kirche dieselben mit der nämlichen Unbeugsamkeit, mit welcher die Mathematik die ihrigen lehrt und vertheidiget.

Und was ist wohl rechtmäßiger. In Mitte der verschiedenen christlichen Gesellschaften ist die katholische Kirche die einzige, welche uns erklärt, daß sie die absolute Wahrheit besitze, außer welcher kein wahres Christenthum möglich ist, sie einzig kann, sie einzig muß daher unbeugsam gegen jeden Irrthum sein; sie einzig kann, sie einzig muß erklären, wie sie dieß seit achtzehn

Jahrhunderten in ihren Konzilien thut: „Wenn Jemand gegen meine Lehre, welche die Wahrheit ist, denkt und lehrt, der hat aufgehört, mir anzugehören."

Allein unser Herr und Heiland, welcher seiner Kirche die Hinterlage der Wahrheit anvertraut hat, hat ihr auch den Geist seiner Liebe und Geduld hinterlassen. Unduldsam gegen die Irrlehren, ist die Kirche voller Barmherzigkeit gegen die Irrenden, und wenn sie je zu gesetzlichen Mitteln der Strenge ihre Zuflucht nahm, so geschah es immer erst, nachdem sie alle Mittel der Milde und Belehrung versucht und erschöpft hatte.

Sie hat die Zuchtruthe immer nur in der äußersten Noth gebraucht und dieselbe immer nur gegen Unverbesserliche angewandt, sei es aus Nothwehr, um die Seelen der Gläubigen vor Ansteckung zu bewahren, sei es, um Aergernissen ein Ende zu machen, sei es endlich, um die Pflicht der Gerechtigkeit zu erfüllen, welche eben so göttlich ist als die Pflicht der Barmherzigkeit.

In ihrer Langmuth aber sowohl als in ihrer Strenge, in ihrer Duldsamkeit gegen die irrenden Personen ebensowohl als in ihrer Unduldsamkeit gegen die Irrlehren, ahmt die katholische Kirche treu das Beispiel ihres Stifters, unsers Herrn und Gottes, Jesus Christus, nach, welcher die Wahrheit, die Barmherzigkeit und die Gerechtigkeit ist.

Aber was sagt die Geschichte? So fragen die protestantischen Propagandisten und weisen höhnend und schadenfroh auf gewisse Histörchen, aus welchen die Intoleranz der katholischen Kirche rabenschwarz hervorgehen soll. Solche Historien sind vorzüglich die Inquisition, die Bartholomäusnacht, die Dragonaden in den Cevennen und der Brand in Mageburg. Man hat Romane und Dramen über dieselben geschrieben; aber die Feuilletons=Lieferanten und Komödienschreiber sind ja nicht verpflichtet, die Geschichte zu kennen und wer gesunden Menschenverstand hat und ernstlich die Wahrheit sucht, wendet sich daher auch nicht an sie. Sehen wir uns diese Histörchen nach unparteiischen, historischen Quellen an:

III. Vier Intoleranz=Histörchen.
Erstes Histörchen: die Inquisition.

Die Inquisition. Was ist denn die Inquisition, von

der man uns noch in unsern Tagen ein so entsetzliches Schreckbild entwirft, obwohl sie schon seit Langem nicht mehr besteht? Die allgemein unter dem Volke verbreiteten Mährchen schildern uns dieselbe als ein entsetzliches Tribunal, das in allen katholischen Ländern errichtet ist, das seine Schlachtopfer in dunkeln Kerkern foltert und dieselben endlich auf beständig rauchenden Scheiterhaufen verbrennt; allein Romane sind eben nur Romane und nicht Geschichte.

Der protestantische Geschichtschreiber Ranke und der erzprotestantische Guizot selbst gestehen, daß die Inquisition vor Allem eine politische Anstalt war, bestimmt, die Einheit der spanischen Monarchie zu schützen. Die spanischen Könige erkannten in der Häresie die gefährlichste Feindin des Friedens in ihrem Lande und sie erklärten daher dieselbe als Hochverrath am Vaterlande. Da aber weder sie noch ihre bürgerlichen Gerichtshöfe über Glaubensfragen, über Rechtgläubigkeit oder Häresie entscheiden konnten, so stellten sie dafür ein eigenes geistliches Tribunal auf. Diese Glaubensinquisitoren theilten dem Fürsten das Resultat ihrer Untersuchung mit und dieser verfügte alsdann nach seinem Ermessen.

Man kann die spanische Inquisition verschieden beurtheilen und man hat mehr als Recht, wenn man Mißbräuche und Grausamkeiten, mit denen politische Leidenschaft dieses Tribunal zuweilen befleckte, tadelt. Aber dieses trifft die weltliche und nicht die kirchliche Macht; das ganze Institut war ein Staats- und kein Kircheninstitut, und kein Unparteiischer wird die Rolle, welche die Geistlichen dabei im Auftrage der Staatsgewalt übernehmen mußten, mit der des Henkers verwechseln. — Uebrigens ist bekannt, daß die Priester beständig gesucht haben, die Strenge der spanischen Inquisition zu mildern, obwohl dieselbe als rein politisches — Institut, wie wir gesehen, auf keine Weise von ihnen abhing. *)

Zweites Histörchen: Die Bartholomäusnacht.

Aber die Bartholomäus-Nacht, sagt man, diese schreckliche, durch die katholische Kirche befohlene Metzelei, bei welcher so viele

---

*) Man vergleiche hierüber das ausgezeichnete Werk des Prof. Hefele „Kardinal Ximenes."

Protestanten ermordet wurden, war doch ein Akt der kirchlichen Intoleranz.

Die Bartholomäusnacht ist ebenfalls ein politisches und durchaus kein kirchliches Ereigniß. Die Protestanten empörten sich in Frankreich gegen die rechtmäßige Regierung; sie hatten den Versuch gemacht, sich des Königs zu bemächtigen, sie bildeten in der Nation für sich eine besondere, unruhige, aufrührerische Nation, die sich durchaus dem ganzen Lande aufdringen wollte. Der junge König Karl IX. und seine stolze Mutter Katharina von Medicis sahen durch die Verschwörung von Amboise ihre Freiheit und ihr Leben gefährdet; sie waren genöthiget, vor der Verschwörung von Meaux die Flucht zu ergreifen; die Führer der protestantischen Partei wurden von Tag zu Tag frecher. Durch alle diese Gewaltthätigkeiten auf's Aeußerste getrieben, wollte sich die Königin der Rebellen entledigen und bediente sich zur Vollziehung ihrer Rache der durch die Grausamkeiten der Hugenotten hervorgerufenen religiösen Aufregung und so erfolgte die Ermordung der Protestanten in der vielgenannten Bartholomäusnacht zu Paris.

Die Religion war also der Vorwand, aber keineswegs die wahre Ursache der Bartholomäusnacht. Das weiß gegenwärtig jeder Unterrichtete; warum sind denn nicht alle protestantischen Schriftsteller so ehrlich, es einzugestehen?

Aber, sagt man, der Papst ließ doch zu Rom wegen diesem schrecklichen Blutbade ein Te Deum Laudamus singen? Das Te Deum Laudamus wurde wirklich in Rom gesungen, aber nicht wegen den gemordeten Protestanten, sondern wegen dem geretteten König. Gregor XIII. erhielt vom französischen Hofe eine Depesche des Inhalts, daß der König und seine Familie einer neuen Verschwörung der Hugenotten entgangen und daß die Anstifter und Mitschuldigen derselben zur Strafe gezogen worden seien; was war nun wohl natürlicher, als daß der Papst öffentlich Gott für diese Rettung danken wollte? Von den bedauernswerthen Greuelthaten, welche in dieser traurigen Nacht vorfielen, wußte er damals noch keine Silbe. Uebrigens sind diese Greuel durch Parteigeist und Parteileidenschaft auffallend übertrieben worden. Denn auch mit dem besten Willen die Zahl dieser Opfer so groß als möglich darzustellen, konnte das bei diesem Anlaß erschienene Martyrologe protestant für ganz

Frankreich mehr nicht als 786 Namen auftreiben. Wir fragen: Ist der Umstand, daß diese ermordeten Aufrührer Calvinisten waren, wohl ein Grund, die Schuld ihres Todes auf die katholische Kirche zu wälzen? Nein, die ganze Schuld der Bartholomäusnacht liegt einzig auf dem machiavellischen Charakter der damaligen Politik.

Drittes Histörchen: Die Dragonaden.

Und wie verhaltet es sich mit den nicht minder getadelten **Dragonaden in den Cevennen**? Vorerst wird Jeder Vernünftige zugestehen, daß bei den in gewissen Ortschaften der Cevennen gegen die Hugenotten verübten Grausamkeiten die Dragoner und Commissäre Ludwigs des XIV. die Befehle ihres Gebieters weit überschritten und daß eigentlich s i e die wahren Schuldigen waren. Ludwig der XIV. war erbittert, daß die Protestanten die Einheit der Nation unmöglich machten, daß sie sich insgeheim mit auswärtigen Mächten gegen ihn verschworen, daß sie fortwährend in Verbindung mit England, dieser geschwornen Feindin Frankreichs standen; der König beschloß daher, endlich das Land von diesem Gährungsstoff der Zwietracht zu reinigen. Der König sah die Rechte der Krone in Gefahr und er glaubte zur Gewalt schreiten zu müssen. — Jedermann weiß aber auch, wie sehr die dazumalige französische Geistlichkeit und vorzüglich Bossuet und Fénélon, obwohl sie die Ansichten des Königs über die Staatsgefährlichkeit der Hugenotten theilten, gegen jede Anwendung von Gewalt sich aussprachen. Wie können also vor den Augen des gesunden Menschenverstandes diese Dragonaden in den Cevennen als ein Beweis der Intoleranz der kathol. Kirche angeführt werden?

Viertes Histörchen: Der Brand von Magdeburg.

Und schließlich der **Brand von Magdeburg**. Unter den im dreißigjährigen Kriege zerstörten Städten ist besonders Magdeburg der Gegenstand geworden, auf den aller Augen hingelenkt wurden, denn die Trümmer dieser Stadt gaben Veranlassung, den katholischen kaiserlichen Feldherrn Tilly und die Katholiken mit dem Kainszeichen des Mörders und Würgers zu brandmarken. Nicht bald hat die Parteileidenschaft einen Mann so übel zugerichtet wie den Feldherrn Tilly. Nicht genug, daß die Geschichtsschreibung im Großen seinen Namen und Charakter als ganz verabscheuungswürdig darstellte, — der Name Tilly wurde auch sonst überall in der sogenannten schönen Literatur, in den Romanen, auf den Theatern 2c. der Art angeschwärzt, daß Jeder, der vom dreißigjährigen Kriege redete, des Fluches über Tilly nicht vergaß.

In der neueren und neuesten Zeit jedoch will die Geschichtschreibung das alte Unrecht, das an dem katholischen Feldherrn begangen wurde, wiederum gut machen, und zwar sind es besonders **protestantische** Geschichtsforscher, welche die Sache der Katholiken verfechten, indem sie rücksichtslos die Geschichtslügen, unter denen der Name Tilly begraben liegt, aufdecken und der Wahrheit Zeugniß geben, so daß der schwer verläumdete katholische Feldherr erst in **unsern** Tagen in den Besitz der ihm gebührenden Ehren wieder eingesetzt wird. Wir müssen daher in der Erörterung dieses **vierten** Histörchens einläßlicher sein, da die historische Wahrheit noch wenigen bekannt ist. *)

Am zweiten Tage nach der Eroberung von Magdeburg (20. Mai 1631) ließ Tilly einen Bericht an seinen Kriegsherrn den Kurfürsten von Bayern ausgehen, in welchem er anzeigte, warum er die Stadt nicht habe retten können. Er schreibt:

„Unter währendem Sturme ist eine große Feuersbrunst entstanden und zwar ist dieselbe verursacht durch hin und wieder eingelegtes Pulver. Also hat es der Feind absichtlich gethan und wie die Aussage der Gefangenen insgeheim verlautet, in der Absicht, daß die Stadt den Unsrigen nicht zu gut komme. Bei diesem großen Tumulte und bei der Hitze ist zu löschen keine Möglichkeit gewesen."

Wir sehen aus diesem Berichte, daß gefangene Magdeburger, welche Augenzeugen des Brandes waren, die Verbrennung der Stadt geradehin der protestantischen Partei zuschreiben. Dasselbe thaten auch die vielen Flugschriften, welche sich damals über den Brand von Magdeburg äußerten. Eine derselben und zwar Magdeburger Seits meldete geradezu, daß auf Anstiften des

---

*) Bei dieser Darstellung sind wir dem 1861 erschienenen größeren Geschichtswerke des rühmlichst bekannten **protestantischen** Geschichtsschreibers Onno Klopp in Hannover gefolgt. Das Buch, zwei Bände stark, führt den Titel: „**Tilly im dreißigjährigen Kriege.**"

Schwedenkönigs die Stadt, welche Tilly vergeblich zu retten suchte, in Asche liege.

Und in der That, so fragen wir jeden Unparteiischen, konnte die Verbrennung Magdeburgs in der Absicht des katholischen Feldherrn liegen? Wir wissen, daß Tilly vor der Erstürmung der Stadt Alles aufbot, um sie zu retten. Das war sein unverrückbares Verlangen aus sehr naheliegenden Gründen. Der Feldherr erblickte in Magdeburg einen festen Platz für den Krieg, sowie eine reiche Vorrathskammer an Kriegsmitteln und in dem kaiserlichen Heere rechnete jeder Soldat darauf, in der Stadt Beute zu machen. All' das mußte noch mehr hervortreten, als es zum wirklichen Sturme kam. Durch eine absichtliche Verbrennung der Stadt hätten aber der Feldherr und das Heer sich selbst um allen Vortheil gebracht. Ist das denkbar? Eine vernünftige besonnene Erwägung sagt: Nein!

Betrachten wir ferner den Feldherrn Tilly in der brennenden Stadt. Als der furchtbare Brand allgemein zum Ausbruche kam, nöthigte er die Soldaten zum Löschen und seine Obersten und Offiziere thaten deßgleichen. Nachdem aber in Folge des Sturmwindes das Löschen zur Unmöglichkeit geworden, richtete Tilly sein Augenmerk auf die bedeutendsten Gebäude, den Dom, die Liebfrauenkirche und die Häuser am neuen Markte. Er ließ die Trommeln wirbeln und ausrufen: Jeder erhalte ohne Lösegeld die Freiheit, der löschen helfe, und an 600 Personen fanden sich hiezu bereit. Diese Gebäude wurden durch die Fürsorge Tillys gerettet. Wir fragen wiederum: Hätte Tilly in der brennenden Stadt so handeln können, wie er wirklich gehandelt hat, wenn er absichtlich die Stadt hätte verbrennen wollen? Eine vernünftige und besonnene Erwägung sagt: Nein!

Dagegen sagen wir jetzt umgekehrt: Gustav Adolph, der Schwedenkönig, hatte Nutzen und Vortheil davon, wenn die Stadt zu Grunde ging, wenn sie vernichtet wurde. Gustav Adolph hatte in seinem Vertrage mit der Stadt, die er nicht retten wollte, große Verbindlichkeiten übernommen; war sie vernichtet, so erloschen seine Verpflichtungen und die reichen Mittel derselben gingen auch für seinen Gegner Tilly verloren. Eine Kapitulation Magdeburgs mit Tilly hätte die Stadt erhalten und sie zu einer Kriegsburg gegen den Schwedenkönig gemacht, darum wollte Letzterer, wiewohl von ihm die versprochene Hülfe nicht geleistet wurde, — von einer Kapitulation nichts wissen. Die Stadt sollte nicht unverletzt in die Hände Tillys kommen, sie sollte dem Sturme ausgesetzt werden. Aber auch bei diesem war es möglich, daß sie unversehrt blieb. Es sollte das nicht geschehen, das Mittel dazu war, Anlegung von Pulverminen innerhalb der Stadt Brandstiftung im großen Maßstabe.

Am 17., 18. und 19. Mai 1631 ließ Tilly aus allen Geschützen gegen die Stadt feuern. Am 17. wurde dasselbe von daher erwiedert, am folgenden Tage nicht mehr. Der Grund ist auffallend. Es war Mangel an Pulver, nur noch fünf Zentner waren vorhanden, und doch wurden nach dem Zeugniß zweier Rathsherren täglich 18 bis 20 Zentner ausgegeben. Auch der Vorrath an Lunten nahm ab. Falkenberg, der schwedische Stadtkommandant, entsetzte sich und äußerte: er habe längst schon so etwas geahnt. Falkenberg, als die oberste Militärperson Magdeburgs, sagte hiermit nicht die volle Wahrheit, weil er wußte und wissen mußte, wo das Pulver hinkam. Es war verwendet zur Anlegung der Minen und zwar nicht zur Abwehr des Feindes, sondern zur Vernichtung der Stadt. Viele der angeblichen Minen gingen bei Erstürmung der Stadt auf und verursachten die allgemeine Feuersbrunst. Einige Minen blieben auch erhalten nach dem Brande. Man entdeckte eine solche auf dem neuen Markte, die allein fünf Zentner Pulver enthielt. Ueberdies fand man in den heimlichen Gewölben und Thürmen noch viel Pulver. Wer hatte diese Minen angelegt? Diejenigen auf öffentlichen Plätzen konnten nicht angelegt worden sein ohne Wissen und Willen des schwedischen Stadtkommandanten.

Und endlich, was that Gustav Adolph, der Schwedenkönig? Er kannte genau die Noth der Stadt, er konnte vom 17. bis 20. Mai den Kanonendonner in Saarmund hören, wo er mit seinem Heere lagerte; trotzdem kam er der Stadt nicht zu Hülfe, löste sein Versprechen nicht, und gab Magdeburg dem Verderben preis. Somit können wir, durch die vielen vorgenannten Thatsachen unterstützt, sagen: nicht Tilly hat Magdeburg absichtlich verbrannt, sondern Falkenberg, der hiebei nur das geschmeidige Werkzeug des protestantischen Schwedenkönigs gewesen ist.

Der kaiserliche Feldherr Tilly hat übrigens die schwedische Anklage und Verläumdung auch durch seine ganze kundgegebene

Handlungsweise widerlegt. Die Magdeburger wurden von ihm wegen ihres protestantischen Glaubens nicht belästigt. Der Kaiser sicherte ihnen mehrfach neben ihren städtischen Vorrechten auch die freie, ungestörte Religionsübung gemäß des Religionsfriedens von Augsburg zu. Tilly selbst in seinen Aufforderungen an die Stadt zur Zeit der Belagerung verlangte nur die Unterwerfung unter den Kaiser. Ja, wenige Tage vor dem Sturme, als Tilly die Stadt zum drittenmale aufforderte, lautete seine Vollmacht vom Kaiser, daß er in Betreff der Religion die freie Uebung derselben bewilligen solle, denn es sei nicht der Wille des Kaisers, irgend Jemanden gegen den Religionsfrieden von Augsburg zu beschweren. Auch lief Religionshaß ganz und gar gegen den Charakter Tillys, weßhalb wir sehen, daß er den lutherischen Soldaten, die unter seinem Kommando dienten, eigene Feldprediger bestellte, sowie auch dafür sorgte, daß in den protestantischen Gegenden das protestantische Kirchen= und Schulwesen in keinerlei Weise gestört wurde.

Wir schließen diese Erörterung über den vielbesprochenen Brand Magdeburgs mit den edeln, erhabenen Worten des protestantischen Geschichtsschreibers Onno Klopp, dieses meisterhaften Vertheidigers des schwer verläumdeten Tilly. „Es ergeht an alle Deutsche, die von Tilly und von Gustav Adolf wissen, die Forderung, daß sie alle Gerechtigkeit üben gegen den einen Mann, der selber nach Maßgabe menschlichen Vermögens nie ungerecht war, daß sie seinem Gedächtnisse wieder geben, was fremder Frevel, fremde Tücke ihm genommen, was er selber bis an sein Ende hoch und heilig hielt und selber benannt: seine Ehre und Reputation (guter Ruf) vor der werthen Nachwelt."

Es geht somit aus der urkundlichen Geschichte des Magdeburgerbrandes hervor: 1) daß der katholische Feldherr keineswegs die Schuld am Brand dieser Stadt trägt und 2) daß die Zerstörung Magdeburgs nicht wegen der protestantischen Religion ihrer Bewohner geschah und 3) daß überhaupt die katholische Kirche mit diesem Brande nichts zu schaffen hatte.

Da haben wir also die vier Histörchen, eines aus Spanien, zwei aus Frankreich und eines aus Deutschland, denen die katholische Kirche durchaus fremd war, und für welche die Protestanten dennoch seit Jahrhunderten dieselbe verantwortlich machen! Wie sehr hatte der selige Franz von Sales Recht, als er beim Hinblicke auf alle die Verläumbungen, mit welchen schon die Protestanten seiner Zeit auftraten, die katholische Kirche mit der keuschen Susanna verglich, welche gerade durch diejenigen, welche sich für die unbestechlichen Richter Jsraels ausgaben, fälschlich angeklagt wurde.

IV. Geständnisse der neuen und alten protestantischen Intoleranz.

Trotz ihrer Abgefeimtheit und Verschmitztheit fallen die protestantischen Propagandisten doch zuweilen aus ihrer Rolle und legen in schwachen, unbewachten Augenblicken das Geständniß ab, wie sie es im Grunde ihres Herzens mit der Toleranz meinen. Solche Geständnisse finden sich in einem unlängst erschienenen Buche, welches die protestantischen Journale der verschiedenen Sekten als eine der empfehlenswerthesten Propagationsschriften angekündigt haben, und das überall angepriesen und verbreitet wird. Dieses Buch ist im Grunde kein neues, sondern nur eine neue Ausgabe eines alten Werkes des Lutheraners Marnix de Sainte-Aldegrede mit einer neuen Vorrede von E. Quinet. Wir finden in dieser Vorrede, gegen welches keines der protestantischen Organe auch nur eine Silbe des Tadels hatte, u. A. folgende Sätze:

„Es handelt sich hier nicht blos darum, den Papismus zu widerlegen, sondern ihn auszurotten; nicht nur ihn auszurotten, sondern ihn auch zu entehren; nicht nur ihn zu entehren, sondern ihn im Kothe zu ersticken (pag. 7.)

„Der Katholizismus muß fallen. Derjenige, welcher es unternimmt, diesen hinfälligen, krankhaften Aberglauben (die katholische Religion) auszurotten, muß, wenn er die Macht dazu in Händen hat, vor Allem denselben aus den Augen des Volkes entfernen und die Ausübung desselben auch materiell durchaus unmöglich machen — er muß zugleich jede Hoffnung, ihn wieder aufleben zu sehen, zerstören (pag. 31.)

„Um den religiösen Despotismus (die katholische Kirche) zu stürzen, muß man den Weg der Gesetzlichkeit verlassen..... Da er selbst blind ist, so nöthigt er die blinde Gewalt, gegen ihn aufzutreten" (pag. 37).

„Nein kein Waffenstillstand mit den Ungerechten" (pag. 42).

„Der Grundsatz, daß alle Religionen gleich seien, widerspricht aller Philosophie, aller Wissenschaft, aller Geschichte..... Es gibt eine Religion, welche sich's zur Ehre rechnet, mit der modernen Freiheit unvereinbar zu sein. Hätte die französische Revolution diesen Unterschied deutlich eingesehen, so hätte sie, indem sie alle ihre Kräfte, allen ihren Haß, alle ihre Gesetze auf diesen einen Punkt hinrichtete, diesen Kult, den unversöhnlichen Feind der modernen Civilisation vertilgen können. — Aber sie hatte nicht den Muth, es zu wagen. Und diese Religion, deren Vernichtung die eigentliche Aufgabe der Revolution war, ging aus ihren Händen unverletzter und siegreicher hervor als je. Begehen wir nicht den nämlichen Fehler!" (pag. 57 ꝛc. ꝛc.)

Hier haben wir eine offene, freie Sprache der Propagandisten vor uns, und wir wissen nun, was die katholische Kirche von der protestantischen Toleranz zu erwarten hätte, wenn die Träger derselben einmal zur Herrschaft gelangen sollten. Und man sollte es uns katholischen Christen übel nehmen, wenn wir im Hinblick auf diese öffentliche Aufreizung zum Hasse und zur Vernichtung der katholischen Religion uns erheben, um unsern Glauben und unsere Kirche zu vertheidigen?

Uebrigens muß man sich über diese moderne, brutale Aufforderung, die Kirche mit Feuer und Schwert zu verfolgen und zu vertilgen, nicht zu sehr wundern. E. Quinet wiederholt hier nur schwach die blutdürstigen Deklamation der ersten Stifter der Reformation, und was er heute sagt, das sagten und schrieben schon vor dreihundert Jahren Luther und Calvin mit Ausbrüchen von Wuth und Haß, denen die Revolutionärs unserer Tage es wohl nie gleich zu thun vermögen.

In keiner Sprache, sagt August Nicolas, wurde je etwas ausgedrückt, das der Blutgier, die in den Schriften Luthers herrscht, auch nur annähernd ähnlich wäre. Sein Buch: „Das Papstthum zu Rom, vom Teufel eingesetzt," ist ein Werk, welches nicht nur der deutschen Literatur, sondern überhaupt den Annalen des menschlichen Geschlechtes zur ewigen Schande gereichen wird. „„Der Papst — das sind Luthers Worte — ist der Teufel, und wenn ich den Teufel tödten könnte, warum sollte ich selbst mit Gefahr meines Lebens es nicht thun? — Der Papst ist ein wüthender Wolf, gegen welchen Jedermann, ohne die Befehle der Regierung abzuwarten, die Waffen ergreifen soll.

Da ist Nichts zu bereuen, als wenn es nicht gelungen ist, ihn niederzustechen. Wenn der Papst durch das Evangelium überwiesen ist, so sollte die ganze Welt über ihn herfallen und ihn tödten nebst Allen, die es mit ihm halten und zum römischen Sodoma gehören, Kaiser, Könige, Fürsten und Herren ohne Unterschied und Schonung. Ja wir sollten mit allerlei Waffen über sie herfallen und unsere Hände in ihrem Blute waschen...."" (T. XII, fol. 238 ꝛc. ꝛc. T. I, f. 51 a: — T. IX, f. 24, b, Wittenberger Ausgabe.)

Eine ähnliche Sprache führt Calvin, der in seinen Schriften allenthalben mit den Worten: „„Schurken, Spitzbuben, Trunkenbolde, Narren, Wüthende, Rasende, Thiere, Ochsen, Schweine, Esel, Hunde ꝛc."" um sich wirft und welcher u. A. folgende Stelle geschrieben hat: „Die Jesuiten, welche unsere vorzüglichsten Gegner sind, muß man tödten und wenn dieß nicht leicht geschehen kann, so muß man sie verjagen oder wenigstens durch Lügen und Verläumdungen erdrücken „Jesuitæ vero qui se maxime nobis opponunt, aut necandi, aut si hoc commode fieri non potest, ejiciendi, aut certe mendaciis et calumniis opprimendi sunt. *)

Man sieht Das ist gerade, was in unseren Tagen in dem neu herausgegebenen Buche E. Quinet beinahe mit den nämlichen Worten rathet, wenn er schreibt: „„Man muß den Papismus ausrotten, ihn mit Schmach bedecken und im Kothe ersticken ꝛc.""

Wahrlich dieses Quinet'sche Buch ist ein getreuer Höhemesser sowohl der modernen als der antiken protestantischen Intoleranz, denn diese neue Ausgabe der alten Mordschrift ist keineswegs nur von einem Einzelnen ausgegangen oder das Werk eines Einzelnen, sondern sie wurde, wie weltbekannt, durch eine Nationalsubskription von Protestanten, Ungläubigen und Freimaurern in Belgien veranstaltet und wurde sodann von der protestantischen Propaganda allwärts angekündet, angepriesen und verbreitet, sie ist also sozusagen eine offizielle Schrift der protestantischen Propaganda.

Und nun sollen die Propagandisten kommen und über die

---

*) Du protestantisme par August Nicolas, p. 469—470. — de Segur, III. Abth.

Entrüstung der Katholiken sich wundern, sie sollen sich über den Eifer beklagen, mit welchem die Söhne der heiligen Kirche die ihrer Mutter angethanen Unbilden fühlen und zurückweisen, sie sollen noch ferner, wenn sie es wagen, mit ihrer Behauptung auftreten: „Wir Protestanten sind tolerant; Ihr Katholiken seid intolerant!"

Sechstes Feldgeschrei:
„Fort mit der katholischen Volksentsittlichung; hoch die „protestant. Sitten=Reform."

Wiederum behaupten die protestantischen Fanatiker, daß die Häupter des Protestantismus von Gott die besondere Sendung erhalten hätten, die sittlichen Mißbräuche, welche durch die katholische Geistlichkeit im Laufe der Zeit eingeführt worden seien, zu zerstören und die reine evangelische Kirchenzucht herzustellen.

Diese Behauptung begleiten dieselben in der Regel mit einer schauderhaften Darstellung der sittlichen Verkommenheit, Versunkenheit und Knechtschaft, welche vor der Reformation geherrscht und welche durch die Häupter des Protestantismus gehoben worden sei.

Um diese Angriffe protestantischer Fanatiker zu widerlegen, haben wir Katholiken folgende Punkte mit demselben zu erörtern:

1) Wie verhält es sich mit den Mißbräuchen in der katholischen Kirche an und für sich?

2) Haben die Häupter des Protestantismus sich als von Gott gesandte Sitten=Reformatoren bewährt?

3) Wie beurtheilen sich die Häupter der Reform in diesem Punkt gegenseitig?

Durch gründliche Erörterung dieser drei Punkte wird der protestantische Angriff von selbst niedergeschlagen.

1) Wie verhält es sich mit den Mißbräuchen in der katholischen Kirche an und für sich?

Die Kirche ist die Gemeinschaft der Schüler Jesu Christi. Der Erlöser hat verheißen, mit dieser seiner Kirche zu sein bis an's Ende der Welt, um sie im wahren Glauben und in der wahren Sittenlehre zu erhalten. *) Die Kirche ist daher durch den Beistand unseres Herrn und Heilandes nothwendiger Weise **heilig und unfehlbar.**

Aber die Kirche ist eben auch aus Menschen zusammengesetzt. Der Papst, die Bischöfe und die Priester sind Menschen und ungeachtet der innern Heiligkeit ihres Amtes sind sie auch den menschlichen Schwachheiten und Unvollkommenheiten unterworfen, und daraus erhellt hinlänglich, in welchem Sinne die Kirche immer der Reform bedurfte und immer derselben bedürfen wird.

Sie bedarf keiner Reform in ihrer **Glaubenslehre,** denn diese ist göttlich und unveränderlich; sie bedarf keiner Reform in der Sittenlehre, denn diese ist heilig; sie bedarf keiner Reform in ihren Sakramenten, durch welche sie die Menschen heiliget, ja sie kann in allen diesen Beziehungen keine Reform nöthig haben, denn Alles dieß ist vollkommen und unveränderlich, weil göttlichen Ursprungs. Aber sie hat hingegen wohl nöthig, diejenigen ihrer Kinder und selbst ihrer Diener, welche aus menschlicher Schwachheit die kirchlichen Gesetze vernachlässigen oder übertreten, zur Besserung anzuhalten, zu reformiren. Und wirklich seit achtzehn Jahrhunderten haben Päpste und Konzilien sich unaufhörlich bemüht, die da oder dort, in diesem oder jenem Punkt erschlaffende Disziplin wieder herzustellen. Dies war vorzüglich die Aufgabe und das Werk des berühmten Konzils von Trient, welches wirklich in dieser Beziehung die Kirche **reformirt** hat.

Die Häupter des Protestantismus aber haben in dieser Frage das Wesen mit der Form, das Göttliche und Unveränderliche mit dem Menschlichen und Veränderlichen verwechselt. Sie maßten sich an, das Dogma, die Glaubens= und Sitten=Regel selbst zu reformiren, und statt einer wahren Reform haben sie nur eine unheilvolle Revolution zu Stande gebracht, welche das Ganze deformirt (entstellt) und zerstört hat.

2) Haben sich die Häupter des Protestantismus als von Gott gesandte Reformatoren bewährt?

Die Haupt=Reformatoren sind: Luther, Calvin, Zwingli,

---

*) „Und seht, ich bin mit Euch bis an's Ende der Zeiten." Matth. XVIII. 20.

Heinrich VIII. ꝛc. Haben nun diese Männer durch ihre Lehren und Thaten sich als Hersteller der christlichen Zucht so bewährt, daß dadurch eine besondere göttliche Mission beurkundet wurde?

Die erste Regel ist: Wer Andere heiligen will, soll selbst heilig sein. Nun aber fällt der protestantische Geschichtschreiber Cobbet über die persönliche Moralität der Reformatoren ein Urtheil, das wir als Katholiken nicht aussprechen wollen, das wir aber einem gründlichen protestantischen Geschichtsschreiber nachsprechen dürfen. Derselbe sagte kurzweg: „Nie sah die Welt in einem und demselben Jahrhunderte eine solche Vereinigung elender Wichte wie Luther, Calvin, Zwingli ꝛc. ꝛc. Der einzige Glaubenspunkt, in welchem sie vollständig übereinstimmten, war die **Nutzlosigkeit der guten Werke**, und ihr Leben zeigt hinlänglich, wie ernst es ihnen mit diesem Grundsatze war. *)"

Um Luther kennen zu lernen, muß man seine Tischreden (versteht sich die ältesten Ausgaben, denn in den spätern haben seine klügern Anhänger das Auffallendste unterdrückt) lesen. Man wird auf wahrhaft empörende Stellen stoßen, welche zur Vermuthung führen, daß Luther entweder selbst von seiner eigenen Reformation, und überhaupt von der ganzen, christlichen Religion keine sehr hohe Idee gehabt habe; oder daß es zu gewissen Zeiten mit seinem Kopfe nicht ganz seine Richtigkeit hatte. Luthers Tischreden sind der beste Beitrag zu seiner Charakteristik; leider sind jedoch dieselben der Art, daß es unmöglich ist, dieselben hier anzuführen. Wir beschränken uns auf die Mittheilung eines von seiner eigenen Hand geschriebenen Gebetes: „Lieber Gott, verschaff uns in deiner Güte Kleider und Hüte, Mäntel und Röcke, fette Kälber und Böcke, Ochsen, Hämmel und Rinder, viele Weiber und wenig Kinder. Trank und Schmaus macht das Glück des Menschen aus." Luther war bekanntlich ein ausgesprungener Mönch, der mit einer ebenfalls ihren Eiden treulos gewordenen Nonne im Konkubinate lebte und der auch nach seiner Apostasie sich den Tischfreuden und rohen Genüssen so hingab, daß es selbst bei seinen Freunden sprüchwörtlich wurde, bei ihren Aus=

---

*) Geschichte der protestantischen Reformation, C. VII, p. 200.

schweifungen kurzweg zu sagen: „Heute wollen wir lutherisch leben!" *)

Daß Calvin unnatürlicher Laster wegen von dem Henker gebrandmarkt wurde, wird von den neuern protestantischen Schriftstellern nicht mehr geläugnet. Wenn sich in seinem Charakter nicht die schnell aufbrausende Wuth Luthers zeigt, so war er dafür voll Bitterkeit, voll düstern Grimmes und kalt berechnender Grausamkeit. Man denke nur an die Verfolgung seiner Gegner, namentlich an die Verbrennung Servets 2c. 2c. Niemand hat diesen Mann besser geschildert, als der Calvinist Galiffe in seinen 1836 zu Genf herausgegebenen Notices Généalogiques. **) Er nennt ihn einen durch seine Verbrechen berüchtigten Menschen, welcher die Fahne der grausamsten Unduldsamkeit, des krassesten Aberglaubens und der gottlosesten Glaubenssätze aufpflanzte, einen entsetzlichen Apostel, dessen Inquisition nichts entging, und der in den zwei Jahren 1558 und 1559 vierhundertvierzehn Kriminal-Urtheile, vollziehen ließ 2c. J. Galiffe nennt ihn einen Blut-Säufer und beweiset jede seiner Behauptungen entweder aus den eigenen Schriften Calvins oder aus den öffentlichen, authentischen Archiven von Genf.

Zwingli, Pfarrer von Einsiedeln, hatte öffentlich in Gegenwart seines Bischofs eingestanden, daß er seit vielen Jahren schändlichen Leidenschaften gehuldiget und daß er nun ein Weib nehme, um seinen Wandel gesetzlich zu autorisiren.

Wer kennt nicht die Immoralität des Reformators Heinrich des VIII.? Dieser Elende, dieses Ungeheuer, hatte sechs Frauen, die er eine nach der andern, sobald er ihrer müde war, enthaupten ließ. Seine Tochter, die junge gräuliche Königin Elisabeth, welche das Werk der Reformation zu Ende führte, war in gleicher Beziehung nicht minder berüchtigt. Das nämliche Beil, welches die Köpfe der Maitressen des Königs abschlug, konnte auch zur Enthauptung der Buhlen der Tochter dienen.

Und nun will man uns glauben machen, Gott habe solche Leute ausgesandt, um seine Kirche wieder zu ihrer ursprünglichen Heiligkeit zurückzuführen?! Der gesunde Menschenverstand

---

*) Vergl. des Protestanten B. Morgenstern Traité de l'église, p. 21.
**) T, III, p. 21 2c. 2c.

spricht hier lauter als alle die historischen Lügen, mit denen man das Andenken dieser vorgeblichen Reformatoren wieder zu Ehren zu bringen gesucht hat.

Um zu erkennen, ob ein Mann, welcher sich als Reformator der Kirche ausgibt, wirklich von Gott die Sendung dazu erhalten habe, gibt es nebst der Heiligkeit des Lebenswandels noch ein zweites Mittel: die Gabe der Wunder.

Wunder hätten die Reformatoren wohl gerne gewirkt; aber Wunder wirken ist eben schwerer als Sekten stiften. Selbst schon Erasmus, ihr Freund und Zeitgenosse, bemerkte ihnen, daß sie alle zusammen noch nicht einmal im Stande gewesen seien, einem hinkenden Pferde wieder auf die Beine zu helfen.

Calvin soll zwar einen kleinen Versuch einer Todtenerweckung gemacht haben, der ihm aber sehr übel gelang. Das Faktum wird von den protestantischen Schriftstellern allerdings bestritten *), aber auch in diesem Fall bleibt immerhin wahr, daß er kein Wunder wirkte, um seine göttliche Sendung zu beweisen.

Luther zog sich auf eine andere Weise aus der Verlegenheit. Wenn man ihn aufforderte, durch irgend ein Wunderwerk zu beweisen, daß er im Namen Gottes spreche, so brach er in einen Strom von Beschimpfungen aus und nannte die ungelegenen Gegner Esel, Türken, Hunde, eingeteufelte Schweine 2c.

Wunder und Heiligkeit des Wandels fehlten den Urhebern der Reformation. Ihre Sendung kam daher nicht von Gott.

2) **Wie haben sich die Reformatoren hierüber selbst beurtheilt?**

In den Augen unterrichteter und unparteiischer Protestanten sind zwar in unsern Tagen die Stifter der Reformation hinlänglich gerichtet und die Achtung, die sie genossen, vermindert sich täglich, nichts destoweniger gibt es indeß Leute, bei denen sie immer noch im Heiligenschein stehen, und die über Alles, was dieselben näher oder ferner angeht, sehr kitzlich sind. Aehnlich den Söhnen Noes, bedecken sie die Schändlichkeiten dieser ihrer Väter mit einem Mantel und erheben ein Geschrei des Unwillens, sobald man es sich erlaubt, in Luther und Calvin etwas ganz

---

*) Bayle, Diction. scil.

anderes als Heilige zu sehen. Täglich beschuldigen sie die katholischen Schriftsteller der Lüge und der Erdichtung und der Verleumdung und dem Zeugnisse der Geschichte zum Trotz bleiben Luther und Calvin für sie weiß wie Lämmer.

Um zu zeigen, wie ungerecht solche Beschuldigungen seien, und was man dann eigentlich und in Wahrheit von diesen neuen Aposteln zu halten habe, wollen wir ganz einfach die Urtheile anführen, welche sie selbst gegenseitig über einander gefällt haben. Da sie sich selbst am besten kannten, so werden wir auf diese Weise naturgetreue Bilder erhalten.

Beginnen wir wieder mit Luther. Calvin, sein würdiger Genosse, sagt von ihm: „In Wahrheit, Luther ist sehr lasterhaft; hätte er sich doch um Gotteswillen mehr Mühe gegeben, seine Unenthaltsamkeit mehr zu unterdrücken! Hätte er doch um Gottes Willen mehr daran gedacht, seine Laster zu erkennen!" Zwingli *) sagt von Luther: „Wenn ich ein Werk Luthers lese, so ist mir, ich höre ein unreines Schwein grunzen, welches hier und da die Blumen eines schönen Gartens riecht; denn gerade mit solcher Unanständigkeit, mit solchem Schmutz und solcher Unkenntniß der Theologie spricht Luther von Gott u. göttlichen Dingen."

Wie wurde Calvin durch seine Mitbrüder im Werke der Reformation, durch diejenigen, welche das größte Interesse haben mußten, seine Fehler zu bemänteln, beurtheilt? Volmar, **) Calvins erster Professor sagt: „Calvin ist heftig und verderbt. Desto besser! denn so ist er gerade der Mann, den wir nöthig haben, unsere Sache zu fördern." Bucer, ein apostasirter Mönch und verheiratheter Priester fügt bei ***): „Calvin ist eigentlich ein wüthender Hund, dieser Mensch ist schlecht... Christlicher Leser! hüte dich vor seinen Schriften!" Und will man wissen, wie Theodor Beza, der Lieblings-Schüler Calvin's, seinen Lehrer beurtheilt? „Calvin hat sich nie an Mäßigkeit, Wahrhaftigkeit und ehrbaren Wandel gewöhnen können, sondern ist immer im Kothe stecken geblieben." †)

---

*) Zwingli's Werke, T. II, p. 474.
**) Freudenfeld. Tableau analitique de l'histoire universelle. II., p. 369.
***) Ebendort. Scriptor maledicendi studio infectus, „Canis rabidus."
†) Vergl. die Schriften Galiffes (Protestant) und des Abbé Fleury über Calvin.

Zwingli wurde nach der Aussage seines Schülers Bullinger, wegen seinen Ausschweifungen und dem verbrecherischen Umgange, den er mit mehrern Weibern hielt, aus seiner Pfarrei verjagt. Obwohl Priester und Pfarrer, nahm er dennoch nach dem Beispiele Luthers öffentlich ein Weib. „Wenn man euch schreibt, sagt er in einem seiner Briefe, ich sündige aus Stolz, aus Fraß und Völlerei, aus Unlauterkeit, so glaubt es nur ohne Mühe; denn allen diesen Lastern und noch vielen andern bin ich ergeben." Luther sagte von ihm: „Zwingli hält sich für eine Sonne, bestimmt, die Welt zu erleuchten; er ist aber nur ein Haufen Koth in einer Laterne — ut stercus in lucerna." — „Zwingli ist verteufelt, durch und durch eingeteufelt und überteufelt, und es ist gar keine Hoffnung mehr für sein Seelenheil möglich." *)

Und wie wurde der in protestantischen Schriften so viel und hochgelobte **Theodor Beza** von den eifrigsten Anhängern der Reformation beurtheilt? „Wer muß nicht, sagt Heshusius **) über die unglaubliche Unverschämtheit des Theodor Beza, dieses Ungeheuers, erstaunen, dessen schmutziges und ehrloses Leben durch seine mehr als hündischen Spottgedichte in ganz Frankreich bekannt ist? Und doch, wenn man ihn hört, sollte man glauben, er sei irgend ein Heiliger, ein zweiter Job, irgend ein neuer Einsiedler der Wüste, sogar noch größer als ein hl. Johannes und Paulus, so sehr posaunt er allenthalben seine Verbannung, seine Arbeiten und die Reinigkeit und bewunderungswürdige Heiligkeit seines Wandels aus." — „Th. Beza, dieser unflätige Mensch, schreibt Schlüffenberg, ist voll Arglist und Gottlosigkeit wie ein eingeschläferter Teufel, weiß nur satyrische Gotteslästerungen auszustoßen." ***)

Mit solchen Beurtheilungen, welche diese vorgeblichen Reformatoren sich gegenseitig in's Gesicht schleuderten, könnte man Bände anfüllen. Doch genug mit Obigem, um so mehr, da die meisten solcher Stellen der Art sind, daß man sie einem christlichen Leser nicht vor die Augen legen dürfte.

Mögen also die protestantischen Fanatiker ihrerseits nicht

---
*) Hospinian, Hist. des Sacrem. II. p. 187.
**) Heshusius. Traduction de Florimond, p. 1048.
***) Vergl. Segur, II. Abth.

mehr über Verläumdung schreien, wenn hie und da eine katholische Stimme sich erhebt, um diese Häupter der protestantischen Reform zu kennzeichnen; die katholische Kirche, welche sie aus ihrem Schooße ausgestoßen, hat nie gegen dieselben so niederschmetternde Verdammungsformeln angewandt, wie sie selbst gegen einander gebrauchten. — Mögen ferner die protestantischen Propagandisten und Proselytenmacher sich ebenfalls hüten, diese Häupter als von Gott gesandte Reformatoren zur Herstellung der kirchlichen Zucht und Sittlichkeit anzurühmen, denn sonst nöthigen sie die Katholiken von dem Grundsatz „de mortuis nihil nisi bene" wider ihren Willen abzugehen und aus dem Arsenal der unpartheiischen Geschichte solche Waffen hervorzuholen, welche geeignet sind, den nur zu lang usurpirten Heiligenschein von der Stirne dieser sogenannten Reformatoren zu reißen und diese Menschen in ihrer traurigen Nacktheit vor das Publikum zu stellen.

Siebentes Feldgeschrei:

„Fort mit der katholischen Volksverdummung und Ver- „knechtung; hoch die protestantische Kultur- und Volks- „Emanzipation."

Mit der gleichen Anmaßung, aber auch mit der gleichen Grundlosigkeit werfen die protestantischen Proselytenmacher der katholischen Kirche vor, daß sie die Verdummung und Verknechtung der Völker bezwecke. Die Geschichte selbst soll uns hier dieses propagandistische Schlagwort und Feldgeschrei widerlegen.

Wenn wir die achtzehn Jahrhunderte des Christenthums durchgehen und hinaufsteigen bis zur Zeit der Apostel, so finden wir schon da den ersten der unzählbaren historischen Gegenbeweise. „Wir haben Belege, sagt ein angesehener **protestantischer** Schriftsteller, daß schon im ersten Jahrhundert der hl. Evangelist Johannes eine Schule in Ephesus errichtete, daß der hl. Polykarp in Smyrna seinem Beispiele folgte, und wir dürfen nicht zweifeln, daß die heiligsten Bischöfe ein Gleiches gethan haben." *)
In der That blühten schon im zweiten und dritten Jahrhundert

---

*) Moshlim, Inst. hist. christ. Sæc. I. P. I. C. 3. § 2.

die bischöflichen Schulen dergestalt, daß bei den Kathedral°
kirchen höhere Lehranstalten und große Büchersammlungen errich=
tet wurden. Als Kaiser Julian, der Abtrünnige, den Christen
untersagte, die Wissenschaften zu lehren und zu lernen, da eiferten
vorzüglich die Bischöfe und unter diesen vorzüglich der hl. Gre=
gor von Nazianz, für Unterricht und Erziehung.

Das Gleiche thaten die Konzilien und Synoden. Das
sechste allgemeine Konzil (zu Konstantinopel) befahl, unentgeldliche
Schulen sogar in den Dörfern zu errichten und übertrug den
Priestern die Pflicht, dieselben zu besorgen. Im sechsten Jahr=
hundert bestimmten die Konzilien von Voisons und von Narbonne
in Frankreich, daß die Pfarrer sich mit dem Unterricht der Ju=
gend beschäftigen sollen, im achten Jahrhundert legte das Konzil
von Cloveshove in England den Bischöfen die nämliche Verpflich=
tung auf; das dritte im Lateran zu Rom gehaltene Konzil
erklärte den Unterricht als einen Hauptgegenstand der bischöflichen
Sorgfalt und das allgemeine Konzil von Trient (nach der Re=
formation) erließ die ernstesten Verordnungen bezüglich der Bil=
bungs= und Erziehungsanstalten und drang mit allem Nachdruck
auf die Pflege des Unterrichts. *) Die Synoden von Narbonne
(Anno 1551), von Konstanz (Anno 1567), von Rouen (Anno
1581), von Brixen (Anno 1603), von Kulm (Anno 1685),
von Mecheln (Anno 1607), von Ypern (Anno 1609), die Synoden
von Augsburg, Paderborn, Brüges, Antwerpen, Köln, Straßburg,
Mainz, Trier, Regensburg, Prag, Sitten, Besançon ꝛc. ꝛc. ꝛc.
faßten, von gleichem Geiste beseelte Beschlüsse zur Verbreitung
des Unterrichts und der Bildung. **

Daß diese Beschlüsse und Verordnungen der katholischen
Kirche nicht todte Buchstaben blieben, sondern in das Leben über=
gingen, dafür liegen die sprechenden Beweise in der Erhaltung
der alten klassischen Wissenschaft und Literatur, welche zur Zeit
der Völkerwanderungen einzig durch die Kirche und ihre Diener
von dem Untergang gerettet, einzig durch die katholischen Geist=
lichen und Mönche mittels Abschriften und Kommentare weiter
verbreitet und den folgenden Generationen überliefert wurden; er
liegt in den zahlreichen Universitäten und Gelehrten=Schulen,

---

*) Conc. Trid. Sess. V. de Reform. C. 1. declarat. C. Trid. Nr. 23.
**) Vergl. Collect. Conc. Germ. v. Hesselmann.

welche die Päpste und Bischöfe von jeher und auch in neuester Zeit gegründet, in den Bibliotheken und Museen, welche dieselben angelegt und geäufnet; in den Volksschulen, welche von den Bischöfen und Pfarrern gestiftet und gehalten wurden, in den zahlreichen geistlichen Orden beiderlei Geschlechts, welche aus reiner Gottes- und Menschenliebe ihr Leben sowohl der Gelehrten- als der Volks-Erziehung widmen. *) „Alles heutige Licht, sagt „der protestantische Geschichtschreiber J. v. Müller, welches nicht „allein uns wohlthätig, sondern durch den europäischen Unter=„nehmungsgeist für alle Welttheile von unendlichen Folgen ist, „kommt von dem, daß bei dem Falle des Kaiserthums eine lei=„tende Hierarchie war. Diese (Papst und Bischöfe ꝛc.) gab „dem in einem engen Kreis weniger Begriffe ärmlich eingeschränk=„ten, nordeuropäischen Geist, sozureden, einen elektrischen Stoß, „wodurch derselbe, bewegt und belebt, endlich ward, was wir „sehen. — Aus italienischen Städten ergossen die Wissenschaften „im Mittelalter ihren Reiz in das barbarische Leben der alten „Europäer, die italienischen Städte aber waren, so bekennt eben=„falls J. v. Müller, Alles dem Oberhaupt der Kirche „schuldig." *) Selbst Hume, der englische Atheist, sieht sich zu dem Geständniß genöthigt, „daß das Papstthum mächtig zum „Aufblühen der schönen Künste beigetragen und durch die Ver=„einigung der Kunst mit der Religion den Kunstsinn allwärts „geweckt habe" ***); während der Protestantismus durch seinen Bildersturm ꝛc. die Kunst und Wissenschaft von der Religion trennte.

Wenn wir somit unparteiisch einen Blick in die Geschichte der Kultur werfen und aufrichtig reden wollen, so müssen wir offen und frei den Ausspruch fällen: Die katholische Kirche, die Päpste, die Bischöfe, die Priester und Mönche waren es, welche die Wissenschaft und Bildung des Alterthums gerettet und den folgenden Generationen überliefert haben; sie waren es, welche den Unterricht der Menschheit von Jahrhundert zu Jahrhundert gepflegt und gefördert haben; sie sind es, welche noch heutzutage

---

*) Vergl. Annalen der Karl-Borr.-Akadem. Luz. Band I. Heft 3.
*) Joh. v. Müller, Reisen der Päpste (Müllers Anthologie. Hildburghausen 1831. S. 41 ꝛc.)
***) Hume, Geschichte des Hauses Tudor. (II. 9.)

durch ihre Anstalten, Lehren und Lehrer die Stützen und Träger der wahren Bildung sind; ohne die katholische Kirche wären auch wir entweder, wie viele Völker der fremden Erdtheile, in der Barbarei geblieben, oder wie die von der Kirche abgefallenen Völker des Orients, in die Barbarei wieder zurückgefallen.

Wie mit der Kultur, so verhält es sich mit der Freiheit der Völker. Wenn man unter Freiheit die wahre versteht, wie sie jedem Volke und jedem Menschen, nach göttlich-natürlichem Rechte zukömmt, so lieben die katholischen Völker dieselben gewiß eben so sehr als die protestantischen. Als Beweis gelten die Anstrengungen, welche die katholischen Völker von jeher für die Erhaltung ihrer Selbstständigkeit und Nationalität in Wort, Schrift und That gemacht. Die Schweizer, um nur ein Beispiel anzuführen, sind durch ihre Freiheitsliebe bekannt. Wer hat aber die freie Eidgenossenschaft gegründet? Es waren die Katholiken der Urschweiz! Wer hat dieselbe gegen die Uebermacht des Auslands im 14. und 18. Jahrhundert siegreich vertheidigt? Es waren die Katholiken der Urschweiz. Insoweit die Konfession auf diese freiheitsliebende Strömung Einfluß hat, so ist es also thatsächlich unrichtig, wenn der Protestantismus sich hierin ein Vorrecht zueignen will.

Diese Behauptung ist aber nicht nur faktisch, sondern auch grundsätzlich unrichtig, insoweit es sich auf die wahre Freiheit bezieht. Bekanntermaßen haben die Reformatoren dem Menschen den „freien Willen" mehr oder weniger abgesprochen und eine Art von „Vorbestimmung oder Fatalismus" proklamirt, welcher Grundsatz nichts weniger als geeignet ist, die Freiheit zu begünstigen. Sodann haben sie der Staatsgewalt auch die oberste Kirchen-Gewalt übertragen und die Fürsten als Landes-Bischöfe erklärt und dadurch den Grund zu jener Staats-Omnipotenz und büreaukratischen Allregiererei gelegt, welche den Todeskeim für jede wahre Volks- und Menschen-Freiheit in sich trägt.

Als historischer Beweis für die Behauptung, daß der Protestantismus die Volksfreiheit begründet habe, berufen sich zwar die Propagandisten gerne auf den sogenannten „Bauernkrieg" und auf den Einfluß, welchen zumal Luther auf diesen geübt. Wir müssen daher dieses geschichtliche Ereigniß näher besprechen, damit unsere katholischen Leser vorkommenden Falles wissen, was sie hierauf zu erwidern haben.

Bald nach der Reformation brachen in Deutschland und der Schweiz, zumal in Thüringen und Schwaben allgemeine Aufstände der Bauern gegen die weltlichen und geistlichen Fürsten aus. Das Wühlen mit Feuer und Schwert, das Zerstören und Plündern der religiösen und kirchlichen Kunstschätze und wissenschaftlichen Sammlungen, die Greuel und Unmenschlichkeiten, welche diese Massen verübten, waren unerhört, einzig in Franken wurden über 200 Klöster und Schlösser geplündert und in Asche gelegt. *)

Wie verhielt sich nun Luther in diesem Bauernkrieg?

Derselbe bedurfte zur Durchführung seines Protestantismus sowohl der Fürsten als der Bauern; er hielt es daher mit Beiden und warf sich schließlich auf die siegende Seite, auf die der — Fürsten.

Es ist historisch, daß Luther im Anfange die Beschwerde-Artikel der Bauern selbst mit Bemerkungen herausgab, und in diesen Bemerkungen u. A. sagte, daß die Menschen die Tyrannei der Fürsten (zumal der geistlichen) nicht mehr länger ertragen wollten, könnten und dürften, und daß, sofern die Bauern die Fürsten nicht straften, so würde Gott Andere erwecken, um solches zu thun. Auch rühmte er sich wiederholt, mit dem Stampfen seines Fußes Deutschland mit Kiegsheeren überschwemmt zu haben.

Wie änderte aber dieser nämliche Luther den Ton, als die Bauern da und dort von den Fürsten auf's Haupt geschlagen wurden und den Kürzern zogen! Nun gab er eine blutige Schrift gegen die Bauern heraus, denen er kurz vorher gesagt hat, Gott habe sie erweckt, um die Fürsten zu strafen. „Auf „ihr Fürsten! — schrieb er — zu den Waffen! die Zeit ist ge„kommen, eine wunderbare Zeit, wo die Fürsten viel leichter den „Himmel mit Bauernerschlagen und Blutvergießen, als „andere mit Beten verdienen. Erschlagt, haut nieder, tödtet, von „vornen oder rücklings, wie ihr könnt und mögt, denn es gibt „nichts teuflischeres als einen Aufrührer; er ist ein wüthender „Hund, der euch beißt, wenn ihr ihn nicht erschlägt. Wenn

---
*) Sartorius, Versuch einer Geschichte des deutschen Bauernkriegs. Berlin 1795.

„einer der Fürsten in diesem Kampfe fällt, so hat er er ein
„seliges Ende nnd ist sogar vor Gott ein Märtyrer; denn er
„stirbt für Gottes Sache. Die niedergemetzelten B a u e r n hin=
„gegen sind alle L e i b e i g e n e des T e u f e l s, welche dem höllischen
„Feuer anheimfallen." 2c. 2c.

Welche Henkers=Hymne, welche Wuth, welcher Blutdurst!
Das ist also die Liebe und die Hingebung des Mannes, den
man uns als den Beschützer und Befreier des V o l k e s preist.
Er schmeichelt dem Volk, um es zum Aufruhr zu reizen und
wenn ihm dieses Satans=Werk gelungen, so weiht er die näm=
lichen Leute dem höllischen Feuer und verheißt den Fürsten, welche
sie tödten, das Paradies.

Hat nicht der nämliche Luther anderswo die niederträch=
tigen Worte geschrieben: „Dem Esel Disteln, Lasten und die
„Peitsche; dem Bauer Haferstroh, und wenn er nicht
„gehorcht, Prügel und Muskete und das von Rechts-
„wegen.' Wenn man den Bauern nicht die Kugeln um
„die Ohren pfeifen läßt, so sind sie hundertmal schlimmer."

„Den Bauern, sagt er ferners, soll man keinen Pardon
„geben, sondern der Zorn Gottes und der Menschen soll sie
„zerschmettern! — Wer sie rechtfertigen, Mitleid mit ihnen
„haben oder ihnen helfen wollte, der wäre ein Gotteslästerer, ein
„Gottesläugner, der würde sich selbst um jede Hoffnung des Him=
„mels bringen."

Luther, der Sohn eines Landmanns, unter dem Strohdach
eines Arbeiters geboren, er, der Undankbare, beschimpft, bedroht
und gibt seine eigenen Brüder der Verachtung Preis und ihn
will man als einen Freund der Menschheit, als einen Wieder=
hersteller der Volksfreiheit anrühmen! Nein der Mann, der für
die Armen und die Bauern nur Verwünschungen im Munde hat,
der das von ihm aufgewiegelte Volk den Lanzen der Fürsten
preisgibt und diesen zuruft: „Auf und tödtet, im Namen Got=
tes, tödtet!" nein, d e r Mann war kein Apostel Jesu Christi;
kein Freund der Freiheit!

Man glaube übrigens nicht, daß etwa nur Luther so gegen
das Volk und die Bauern wüthete; seine Freunde dachten und
sprachen wie er. Man höre vielmehr Melanchthon, gewiß der
nachgiebigste und sanfteste von allen Schülern des Reformators.
Wie sein Meister richtete er einen Brief an die Fürsten: „Diese

„Bauernlümmel, schreibt er ihnen, sind vernünftige Thiere. Was „verlangen sie denn? Sie haben nur zu viel Freiheit.... Man „muß dem Volk die Zügel nie frei lassen."

Solche Stellen könnten wir noch in Menge anführen; aber wen ekelt es nicht, solche Abscheulichkeiten abzuschreiben? Die Propagandisten, welche fortwährend Luther als den Vater der Volksbildung und Volksfreiheit darstellen und welche unlängst das Volk um Beiträge angegangen haben, um demselben eine Statue zu errichten, ersuchen wir, an dem Fuße dieser Statue die von Luther eigenhändig geschriebenen Worte anzubringen:

„Für den Esel Disteln, Lasten und Peitsche;
„Für den Bauer Haferstroh, Prügel und Muskete." ꝛc.

Wahrlich die ächte Kultur und Freiheit hat mit diesen Grundsätzen des Protestantismus nichts gemein, wohl aber mag jene Verbildung und Scheinfreiheit, wie die Revolutionsmänner sie verstehen, mit denselben verwandt sein. Wer den Grundsatz aufstellt, daß der Mensch keine kirchliche Autorität anzuerkennen habe, der ist von der Schlußfolgerung nicht fern, daß er sich auch keiner weltlichen Autorität zu unterwerfen habe. Wenn man den Gehorsam gegen die Kirche verwirft, warum sollte man nicht auch denjenigen gegen den Staat verwerfen? Die Auflehnnng gegen die kirchliche Autorität schließt im Keime auch die Auflehnung gegen die politische Autorität in sich. „Jeder Luther in Religionssachen — sagt der Revolutio= „när Louis Blanc — ruft nothwendig einem Luther in der „Politik." — Diese scheinbare Aufklärung und Freiheit der Revolutionsmänner ist aber das Grab jeder ächten wahren Kultur, wie sie in dem Wesen und der Bestimmung des Menschen liegt, und das Grab jeder ächten und wahren Freiheit, wie sie im göttlich=natürlichen Rechte wurzelt, und darum kann der Protestantismus nimmermehr weder thatsächlich noch grund= sätzlich als der Vater und Begründer der Kultur und Volks= freiheit dargestellt werden.

Achtes Feldgeschrei:
„Fort mit der katholischen Volksverarmung; hoch die pro= „testantische Nationalwirthschaft!"

Wenn man die protestantischen Propagandisten hört, so hat die katholische Religion die Völker nicht nur verunsittlichet, verdummt, verknechtet, sondern auch verarmt. Dieselben werden nicht müde, den Wohlstand und Reichthum der protestantischen Länder in rosenfarbenem Lichte und die Armuth und das Elend der katholischen in schwärzestem Schatten zu schildern, allein statistische Berechnungen und Vergleichungen zum Nachtheil der Letztern anzustellen und die ganze Schuld des angeblichen materiellen Rückstandes auf Rechnung der katholischen Religion zu setzen.

Unparteiische Beurtheiler würden sich vor Allem die Frage aufwerfen, ob die protestantischen Völker in der Wirklichkeit oder nur im Scheine reicher seien? Ob dieselben, wenn in Wirklichkeit reicher, deßwegen auch glücklicher seien? Ob, wenn die Protestanten wirklich in materieller Beziehung reicher und glücklicher wären, ihre Religion daran Schuld sei, und ob irdischer Reichthum und irdisches Glück überhaupt das Ziel und Ende des vernünftigen Menschen bilde?

Statt diese und ähnliche Fragen unparteiisch zu erörtern, stellen die Propagandisten einfach den Satz auf: „Wir Prote="stanten sind reicher als die Katholiken, also ist unsere Religion "die bessere und die katholische die schlechtere."

Gerade so hat in neuerer Zeit einer der ersten Wortführer dieser Propagandisten Pastor Napoleon Roussel geurtheilt in seinem zweibändigen Buch: „Die katholischen und protestan="tischen Bevölkerungen unter der dreifachen Beziehung "des Wohlstandes, der Aufklärung und der Sittlichkeit "mit einander verglichen." — Wir könnten zwar dieses ganze Machwerk, sagt Segur, einfach durch die Frage niederschlagen, „ob Christus, die Apostel und die ersten Christen "reich gewesen seien und ob denn der Zweck des Chri="stenthums im Reiche dieser Welt bestehe?" Allein wir ziehen vor, etwas einläßlicher in die Sache einzutreten und hier das Urtheil eines protestantenfreundlichen Schriftstellers über Pastor Roussels Buch anzuführen; damit ist der Stab nicht nur über dieses Buch, sondern auch über all' das Geschrei bezüglich der katholischen Völkerverarmung gebrochen.

„Wir hatten dieses Buch (sagt J. Lemoinne in den De="bats) geöffnet, mit dem Wunsche, von demselben so viel Gutes "als möglich sagen zu können. Aber selbst mit dem besten "Willen von der Welt ist es uns unmöglich, dasselbe als ein

„gutes Buch und als eine gute Handlung zu betrachten. Pastor
„Roussel hat uns ein Werk geliefert, dessen letztes Wort der ge=
„fühlloseste, grausamste, verzweiflungsvollste Materialismus ist.
„Wahrhaft! wenn ein Diener des Evangeliums der Welt keine
„bessere Moral anzubieten weiß; wenn ein Protestant oder Ka=
„tholik nicht einmal aus der Geschichte eine bessere Belehrung zu
„ziehen vermag; dann freilich bleibt dem Menschen nichts anderes
„zu thun übrig, als gut essen und trinken, gesund sein und vor
„Allem gute Geschäfte zu machen, weil doch der Reichste der
„Tugendhafteste ist! Wahrlich so etwas zu lesen macht Herzweh.

„Hr. Roussel hat die Absicht gehabt, die protestantischen
„und katholischen Bevölkerungen in Beziehung auf Wohlstand,
„Aufklärung und Sittlichkeit mit einander zu vergleichen. Die
„Sittlichkeit, welcher zweifelsohne der Vorrang gebührte, nimmt
„aber, wie man sieht, nur den letzten Platz ein; während wie
„auf dem Titel, so auch im ganzen Werke selbst, der Wohl=
„stand als Hauptsache sich im Vordergrunde spreizt und bläht.

„Hr. Roussel will in zwei Bänden mit einem großen Auf=
„wande von Zahlen zeigen, daß die Protestanten auf dieser Welt
„glücklicher seien, als die Katholiken, daß sie mehr Renten, mehr
„Aktien in industriellen Spekulationen, mehr silberne Bestecke und
„mehr Hemden und Stiefel haben.

„Bis jetzt hatten wir geglaubt, am Tage des Weltgerichts
„würde Gott auf die eine Seite die Guten, auf die andere die
„Bösen stellen; aber nach dem System J. Roussels zerfällt die
„Menschheit in zwei ganz andere Kategorien, „nämlich in die
„der Fetten und der Magern. Gott wird nicht mehr Her=
„Herzen und Nieren, sondern Geldsack und Magen prüfen.

„Man muß sehen, mit welcher Freude J. Roussel die Rech=
„nungen aller katholischen und protestantischen Ländern aufführt
„und zusammenstellt! Es ist eine wahre doppelte Buchführung.
„— So z. B. läßt er das katholische Irland neben dem pro=
„testantischen Eng= und Schottland folgende traurige Figur spielen.
„Aus Irland bringt er zuerst das Vermögens=Inventar einer
„Pfarrei von 4000 Einwohnern, alle — Katholiken, wie er
„sorgfältig beifügt. Diese 4000 Katholiken besitzen zusammen:
„einen Karren, einen Pflug, sechszehn Eggen, acht Männer= und
„zwei Weiber=Sättel, sieben Eßgabeln, dreiundneunzig Stühle,
„zweihundertdreiundvierzig Tabourets, siebenundzwanzig Gänse,

„drei Truthennen, zwei Matratzen, acht Strohsäcke, acht kupferne
„Kerzenstöcke, drei Uhren, eine Schule, einen Priester, keine Hüte,
„keine Wanduhren, keine Stiefel, keine Rüben ꝛc. — So geht
„es ganze Seiten hindurch fort und nachdem er diese Art Spi=
„talvisite vollendet, setzt er voll Triumph über den Kanal und
„findet dann in dem protestantischen Schottland nichts als Wohl=
„stand, Reichthum und Ueberfluß. *)
„Wie die Leute, welche die Gelbsucht haben, alles gelb
„sehen, so sieht J. Roussel in allen gehässigen Erscheinungen nichts
„als Katholizismus und wieder Katholizismus. So gibt er zum
„Beispiel ferners die Beschreibung eines Kampfes in Irland
„zum besten; die Kämpfer zerfleischten sich gegenseitig, die Zeugen
„waschen sie mit Weinessig, geben ihnen Branntwein zu trinken,
„kurz es fehlt nichts von allem dem, was zu solchen Kämpfen
„gehört. Aber wißt ihr, worin das große Aergerniß besteht?
„— Darin, daß die Irländer mit Peitschen statt mit Fäusten,
„wie die edlen, eingeübten Boxer in England kämpfen.
„Und J. Roussel zitirt in allem Ernste dieses Beispiel als einen
„Beweis von der Rohheit und Armuth der katholischen Ir=
„länder. Welch' ein Abstand von jenen edeln protestantischen
„Boxern und ihren wahrscheinlich durch den Glauben eingege=
„benen bewundernswerthen Faustschlägen! Laßt zwei Boxer mit
„einander handgemein werden, einen Katholiken und einen Pro=
„testanten und man wird sie sogleich an der Energie ihrer Schläge
„von einander unterscheiden. Wahrlich ein neues Kriterium der
„Wahrheit, an welches wir bis jetzt nicht gedacht haben."

„Hr. Roussel setzt seine Reise um die Welt fort und ver=
„gleicht eben so die katholische und protestantische Schweiz
„mit einander. Betritt er einen katholischen Kanton, so ist sein
„erstes Wort: „„Welche Unreinlichkeit, welche gelbe, schwarze,
„kränkelnde Gesichtsfarbe!"" Bestimmt, es ist eine ausgemachte
„Sache. Alle Katholiken sind gelb!

„Hören wir weiter. „„Gegen zwei Uhr langten wir in
„Flüelen an und dieses katholische Land kündigte sich uns sogleich

---

*) Es steht einem Protestanten übel an, dem unglücklichen Irland seine heutige Armuth vorzuwerfen. Gleicht ein solches Verfahren nicht demjenigen eines Räubers, welcher das unglückliche Opfer verspottet, das er selbst ausgeplündert hat?

„durch vier Individuen mit Kröpfen, durch sechs mit der Krätze
„behaftete und durch ein halbes Dutzend „zerlumpter Bettler an,
„welche soeben aus dem Grabe hervorzukommen schienen!""

„Die Sache wird immer besser, wie man sieht; soeben
„waren die Katholiken gelb, jetzt haben sie gar die Krätze! —
„Doch wenden wir unsere Blicke von diesem traurigen Schau=
„spiele weg und erheitern wir dieselben durch den Anblick eines
„protestantischen Kantons. ""Welch lachende Thäler, welche
„Kultur, ruft J. Roussel aus, welcher Reichthum, welche In=
„dustrie! Zürich und seine reizenden Umgebungen schienen mir
„die Zufluchtsstätte der Weisheit, der Mäßigung, des Wohlstan=
„des und des Glückes zu sein. Wir traten in eine Hütte, wo
„die Hausfrau uns sogleich Milch und Kuchen aufstellte und neun
„oder zehn große silberne Löffel auf den Tisch legte.""

„Hört ihr wohl? zehn silberne Löffel! welch heilige
„Leute! Die krätzigen Schweizer Katholiken, diese kränkelnden
„Leute würden es wohl bleiben lassen, auch so etwas aufzu=
„weisen. *)

„Wollt ihr mit J. Roussel einen Abstecher nach Spanien
„machen? Auch da wird er durch eine Menge von Beispielen
„beweisen, daß die Straßen schlecht unterhalten und die Wirths=
„häuser schmutzig sind, daß man blos aus gemeinen Schüsseln
„und mit zinnernen Löffeln speiset; dann wird er dieses katho=

---

*) Diese Angaben Roussels über die Schweiz stehen mit den neuesten
statistischen Notizen in grellem Widerspruch. Allerdings zählen die pro=
testantischen Städte wie Basel, Genf, Zürich 2c. einzelne viel reichere Bür=
ger als die katholischen Städte, allein die Zahl der Armen und Bett=
ler ist in den protestantischen Kantonen verhältnißmäßig viel größer
als die in den katholischen, wie dieß aus den Armensteuern unzweifelhaft
hervorgeht. (Vergleiche die Schriften des Protestanten Vogt über das
Armenwesen in der Schweiz). Auch kamen, im Vorbeigehen sei es ge=
sagt, in den letzten Hungerjahren in einigen protestantischen, aber in kei=
nem einzigen katholischen Kantone Fälle von wirklichem Hungertode vor.
Ferner sind die Katholiken in der Schweiz keineswegs so unreinlich und
krätzig, wie der Pastor Roussel sie mit seinen gelben Augengläsern ange=
sehen; als Gegenbeweis dient, daß die fremde Touristenwelt in un=
sern Tagen sich gerade in die katholischen Gegenden, an den Vier=
waldstättersee, in die Urschweiz drängt, und da das urschweizerische Volks=
leben liebgewinnt, was schwerlich der Fall wäre, wenn diese katho=
lischen Menschen so beschaffen wären, wie sie der Pastor anzuschwärzen
oder richtiger, anzugelben, beliebt.

„lische Land mit England vergleichen, das sich durch silberne
„Bestecke, durch Eisenbahnen, durch feine Wäsche ꝛc. ꝛc. sogleich
„als ein protestantisches Land ankündet.

„Wir halten eben nicht daran, J. Roussel auf allen seinen
„Wanderungen zu begleiten. Wir wollen auch die Genauigkeit
„seiner Berechnungen nicht untersuchen. Wir lassen dem Prote=
„stantismus gerne den Vortheil seines silbernen Tafelgeschirres.
„— Aber fragen müssen wir J. Roussel: Ob er auf seinen
„Reisen z. B. in Irland nie die geringsten Gewissensbisse ver=
„spürt habe? Ob er sich nie die Frage gestellt, ob nicht die
„Protestanten großentheils Ursache an dem Elende dieses ka=
„tholischen Volkes seien? Wenn die Protestanten nicht mehr
„als den zehnten Theil der Bevölkerung Irlands ausmachen, mit
„welchem Rechte haben sie alles Eigenthum und alle Einkünfte
„der katholischen Kirche dieses Landes an sich gerissen? Und
„wenn J. Roussel, um uns zu beweisen, daß die Katholiken in
„Irland nicht unterdrückt sind, anführt, daß sie vier Erzbischöfe,
„dreiundzwanzig Bischöfe, zweitausendfünfhundert Kirchen und
„mehr als zweitausend Priester haben, wie kommt es, daß er
„nicht ein einziges Wort der Bewunderung für dieses Volk von
„Bettlern hat, das selbst seinem Elende noch etwas abzugewinnen
„weiß, um, wenn auch kärglich, seine Kirche zu unterhalten, wäh=
„rend die protestantischen Bischöfe und Pastoren in ihren Sine=
„kuren fett und schwelgerisch aus den konfiszirten Gütern der
„katholischen Kirche leben? Kömmt ihm, einem Diener des Evan=
„geliums, nicht jenes einfache Wort des Herrn in den Sinn:
„Wahrlich, wahrlich, ich sage euch, diese arme Wittwe
„hat mehr gegeben, als alle übrigen, welche in den
„Opferstock legten, denn alle anderen haben von ihrem
„Ueberflusse gegeben, sie aber gab in ihrer Armuth
„alles, was sie hatte und wovon sie leben sollte.“

„Den glänzendsten und unumstößlichsten seiner Beweise hat
„aber J. Roussel für Frankreich aufbewahrt! Man höre:
„„Jahrhunderte lang verfolgt und ihrer Güter beraubt, sollten
„die französischen Protestanten in Bezug auf Reichthum weit
„unter der übrigen Nation zurückstehen. — Ist dem aber wirk=
„lich so? Wenn wir nur die öffentliche Meinung befragen woll=
„ten, so könnten wir sagen, daß das Bewußtsein des Lesers
„gewiß schon hierauf geantwortet hat. — Allein wir wollen nichts

„behaupten, selbst nicht einmal die Evidenz, ohne uns auf Be=
„lege zu stützen. Die Belege, welche wir uns über diesen Ge=
„genstand verschafft haben, sind ächt und entscheidend.""

„Als wir diese Worte Roussels lasen, schauderten wir wahr=
„haft für die katholische Kirche; welch' zerschmetternder Stein
„wird da wohl auf ihr Haupt fallen? Doch beruhigen wir
„uns; es handelt sich nur um einen Sack mit Thalern, nur um
„einen Regen grober Centimes=Stücke. Hr. Roussel erklärt uns,
„„er habe sich das Steuer=Register des Seine=Departements ver=
„schafft, und nach diesem betrüge die Durchschnittssteuer eines
„jeden Bewohners von Paris 33 Fr. 15 Ct. und die der Pro=
„testanten besonders hingegen 87 Fr. 1 Cent. Also, fügt er
„bei, besitzen die französischen Protestanten **dreimal** so viel Ver=
„mögen, als ihre römisch=katholischen Mitbürger!"" Durch einen
„so entscheidenden Schlag mit den Steuernregistern ist die katho=
„lische Kirche wahrlich ganz sicher zu Boden geschmettert und
„kann sich nicht mehr erheben!

„Aber warum hat J. Roussel, da er doch nun einmal im
„Zuge war, seine Berechnungen zu machen, nicht auch denjenigen
„Theil der Steuern, welcher von einer andern Klasse der Bevöl=
„kerung bezahlt wird, berechnet, wir meinen denjenigen der
„**Juden**? Er würde die Juden ohne Zweifel noch reicher und
„daher nach seinem Grundsatze noch tugendhafter und recht=
„gläubiger als die Protestanten gefunden haben.

„Doch, wir wiederholen es, wir wollen J. Roussel weder
„in seinen Berechnungen noch in seinem Triumphe stören; er mag
„auf seiner protestantischen, aus Geldsäcken errichteten Pyramide
„hinaufklettern und dort sein **Gloria in Excelsis** singen.
„Wir kennen Jemanden, welcher gesagt hat: „Wahrlich, ich
„sage euch, ein Reicher wird sehr schwer in das Himmel=
„reich eingehen. „Ich sage es euch noch einmal, ein
„Kameel wird leichter durch ein Nadelöhr, als ein Rei=
„cher in's Himmelreich eingehen. Wir könnten noch viele
„andere Bibeltexte anführen, welche allerdings mehr Gewicht
„hätten als Alles, was J. Roussel vorbringt, aber es ist nicht
„an uns, eine Predigt zu halten. Es ist möglich, daß J. Rousse
„aufrichtig die Meinung hatte, ein sittliches, religiöses Wer!
„zu schreiben, aber der Sektengeist hat ihn verblendet un
„wir bedauern, wiederholen zu müssen, daß alle seine Schlüss

„rein materialistischer Natur sind und mit der. — Religion „nichts zu schaffen haben." — So J. Lemoine in den protestantischen Debats.

Diese Bemerkungen sind so zutreffend und schlagend, daß sie uns jeder weitern Erörterung über den Punkt der protestantischen Nationalwirthschaft entheben, obschon es uns mit Hinweisung einerseits auf den Pauperismus, welcher heutzutage namentlich in **protestantischen** Ländern zu Tag tritt, anderseits auf die unzähligen Wohlthätigkeitsanstalten, welche vorzugsweise in **katholischen** Ländern aufblühen, ein Leichtes wäre, den positiven Nachweis zu leisten, daß die katholische Religion selbst in **materieller** Beziehung die Völker nicht ärmer und dürftiger, wohl aber glücklicher und zufriedener macht.

IX. Zur Abwechslung einmal ein anderes „Fort," und zwar diesmal ein katholisches Fort gegen protestantische Verirrungen.

Wir haben in den vorgehenden Abschnitten unsern Lesern Waffen in die Hände gegeben, um sich gegen die Angriffe der protestantischen Propaganda zu vertheidigen. Wenn die Propagandisten in Zukunft rufen:

„**Fort** mit der katholischen Hierarchie;
„**Fort** mit den katholischen Menschensatzungen;
„**Fort** mit der katholischen Abgötterei;
„**Fort** mit der katholischen Geldreligion;
„**Fort** mit den katholischen Pfaffen;
„**Fort** mit der katholischen Intoleranz;
„**Fort** mit der katholischen Volks=Entsittlichung;
„**Fort** mit der katholischen Volksverdummung und Verknechtung;
„**Fort** mit der katholischen Volksverarmung 2c. 2c. 2c.:

so werden die Katholiken sich der hier gebotenen Waffen mit Vortheil bedienen, um ihre Religion und Kirche gegen solche An=

griffe siegreich zu vertheidigen. Für einen guten Streiter genügt es jedoch nicht, sich nur auf die Vertheidigung (Defensive) zu verstehen, es können Umstände eintreten, die ihn verpflichten und zwingen, zum Angriff zu schreiten; er muß daher sich nöthigenfalls auch auf die Offensive vorsehen. So wenig wir nun lieben und empfehlen können, daß die Katholiken gegen den Protestantismus die Initiative des Krieges ergreifen, so müssen wir doch aus den angegebenen Gründen hier wenigstens einige Hauptpositionen aufstellen, deren sich der Katholik einerseits, falls er sich zum Angriff genöthigt sieht, mit sicherem Erfolg bedienen und dem Gegner ein überwältigendes „Fort" zurufen kann.

Der Katholik, falls er sich zur Offensive gegen die protestantische Propaganda verpflichtet sieht, kann und darf ohne Umschweif folgende zwei Fragen zur Beantwortung aufwerfen:

„1. Ist der moderne Protestantismus wahrhaft eine Religion?"

„2. Glaubt der moderne Protestantismus wahrhaft an Christus?"

1. Frage. Ist der moderne Protestantismus wahrhaft eine Religion?

Was versteht man unter einer Religion?

Eine Religion ist ein Band der Lehre und des Kultus, welches eine Anzahl Menschen zum nämlichen religiösen Glauben und zum nämlichen Dienste Gottes vereiniget. So unter den falschen Religionen, z. B. der Mahometismus, der Boudhismus ꝛc. ꝛc.

Nun aber hat der moderne Protestantismus zum Grundprinzip, daß es jedem Menschen frei steht, in Religionssachen zu glauben, was er will und Gott nach seiner Art und Weise zu dienen; er zerstört daher den Begriff von Religion, das heißt, er zerstört die Verbindung, die Einigkeit, die Einheit und macht jedes Zusammenhalten in Glauben und im Dienste Gottes unmöglich. Wir wissen zwar wohl, daß die Protestanten nicht immer streng die letzten Konsequenzen aus diesem ihrem Grundprinzipe ziehen und daß sie, vorzüglich in Frankreich, so viel möglich, den Anschein der Einheit unter ihren verschiedenen Sekten zu retten suchen. Aber z. B. in Deutschland, in der Schweiz, in Amerika, wo sie unbeengter sind, thun sie sich viel darauf zu gut, daß jedes Individuum seinen besondern Glauben habe. Unter allen, um uns so auszudrücken, durch Menschenhand fabrizirten Religionen hat der Protestantismus einzig dem unerhörten Beruf, daß er das Wesen, ich sage nicht nur der wahren Religion, sondern jeder Religion überhaupt zerstört. Die falschen Religionen haben, wie die wahre, doch noch immerhin eine Gesammtlehre und einen Gesammtkultus, und wer sich von diesen trennt, gehört ihnen nicht mehr an. Aber was protestantische Pastoren als Religion angesehen wissen möchten, ist nichts als Anarchie, welche nur zu läugnen, zu zerstören und zu pro te stiren vermag und die durch den antireligiösen Namen Protestantismus, mit welchem sie prahlt, ihre eigene Verurtheilung ausspricht. Ihre Religion besteht darin, die Religion der Andern anzufeinden, sagte J. J. Rousseau von den Genfer Calvinisten.

Aber, sagt man, es gibt doch Protestanten, welche, wie es scheint, deutlich und bestimmt an einigen Glaubenswahrheiten festhalten. Diese wenigstens haben doch eine Religion? Sie haben religiöse Meinungen, Ueberzeugungen, wenn man will, was immerhin sehr gut und lobenswerth ist und wofür man Gott danken muß. Aber diese ihre Privatüberzeugungen verdanken sie nicht dem Protestantismus. Sie können dieselben morgen ablegen und hören deßwegen nicht im Geringsten auf, Protestanten zu sein. Wie viele Pastoren rühmen sich des Titels Protestant, obschon sie an keine der von Luther und Calvin noch beibehaltenen Glaubenslehren mehr glauben. So erklärt der Pastor Vinet selbst unter tausend anderen Geständnissen dieser Art ganz naiv: Der Protestantismus sei keine Religion, sondern er vertrete nur die Stelle einer solchen. *)

Man kennt die Antwort, welche der berühmte Protestant und Ungläubige Bayle einer hohen Person gab, die ihn um seinen Glauben befragte. „Sie sind Protestant, Hr. Bayle; aber welcher Sekte gehören Sie an; sind Sie Lutheraner, Calvinist, Zwinglianer, Wiedertäufer ꝛc. ꝛc.?"

„„Ich bin Nichts von Allem dem, erwiderte ohne die geringste Verlegenheit dieser nur zu logische Protestant, sondern ich

---

*) Vinet: Essay sur la manifestation des convictions religieuses.

bin Proteſtant, das heißt, ich proteſtire — gegen jede Art von Religion.““

Der moderne Proteſtantismus, er mag dagegen reklamiren ſo viel er will, iſt keine Religion und kann keine Religion ſein; noch viel weniger iſt er die wahre Religion; er iſt nicht einmal e i n e Sekte, ſondern ein Aglommerat von zahlloſen Sekten. So viele Sekten als Köpfe, und in jedem Kopf ſo viele und verſchiedene Glauben als Launen; das iſt die moderne proteſtantiſche Religion.

Unlängſt veröffentlichte eine amerikaniſche Zeitſchrift das zahlreiche, aber dennoch unvollſtändige Verzeichniß der verſchiedenen Sekten, die ſich blos im Staate New=York befinden. — Man höre!

Anabaptiſten, neue Baptiſten, freie Baptiſten, getrennte Baptiſten, ſtrenge Baptiſten, liberale Baptiſten, Klein=Kinder=Baptiſten, Gloria= und Halleluja=Baptiſten, friedliche Baptiſten, chriſtliche Baptiſten, Eiſen=Arm=Baptiſten, allgemeine Baptiſten, Partikular=Baptiſten, Baptiſten vom ſiebenten Tage, ſchottiſche Baptiſten, Baptiſten von der neuen allgemeinen Vereinigung, Neger=Baptiſten, Independenten oder Puritaner, Cameronianer, Crißpiten oder Gekräuſelte, Cambelliten oder Reformirte, Dunkerianer, Freidenker, Baldaniten, Huntingdonianer, Irvingianer, Inghaniten, Springer, Bibel=Chriſten, Gloſſiten oder Sandomonianer, alte Presbyterianer, neue Presbyterianer, Schotten, Congregationaliſten, Quäker oder Freunde, Unitarier, Sozinianer, Mähriſche oder vereinte Brüder, Methodiſten oder Wesleјaner, urſprüngliche Methodiſten, franzöſiſch=kalviniſche Methodiſten, reformirte Wesleјaner, urſprüngliche Convesciſten, Swedenborgianer, Brüder von Pylmouth, wiedergetaufte Chriſten, Mormonen, Kellyiten, Muggletonier, perfektionaliſtiſche Romainer, progreſſiſche Methodiſten, Wanderer Seckler, Roihfieldiſten, freue Schüler=Freunde oder Agapemoniten, Lutheraner, franzöſiſche Proteſtanten, deutſche reformirte Proteſtanten, Deutſch=Katholiken oder Schüler Ronge's, neue Illuminaten, engliſche Anglikaner, deutſche Anglikaner, franzöſiſche Anglikaner ꝛc. ꝛc. ꝛc. Welch' ein Wirrwarr von proteſtantiſcher Sektirerei in einem einzigen Staate? „Von dem erſten Tage an nach Entſtehung der Reformation, ſagt ſeufzend Paſtor Vinet, gibt es — Proteſtanten, aber keinen Proteſtantismus.“

Und wir sagen: „Heutzutage gibt es religiöse Leute unter den Protestanten, aber keine protestantische Religion!"

2. Frage. Glaubt der moderne Protestantismus wahrhaft an — Christus?

Gott sei Dank! Noch gibt es rechtschaffene und religiöse Protestanten, welche an Christus glauben. Aber thun sie dies etwa deßwegen, weil sie Protestanten sind? — Durchaus nicht! Man kann Protestant, sehr guter Protestant, man kann sogar protestantischer Pastor sein, ohne deßwegen die geringste Verpflichtung zu haben, an die Gottheit des Erlösers zu glauben. Pastor Coquerel von Paris hat ein großes Buch drucken lassen, um dies zu beweisen. *) Seit 1800 Jahren hatte man sich eingebildet, um Christ zu sein, müsse man glauben, „daß Christus Mensch=gewordener Gott sei." Grober Irrthum nach J.' Coquerel! Sei Jesus Christus Gott, sei er ein übernatürliches Wesen, sei er ein bloßer Mensch, wie der erste beste: warum die Sache so genau nehmen? Man kann Christ sein, ohne einen solchen Unterschied zu machen. Hr. T. Colari in Straßburg hütet sich wohl, seinem Amtsbruder in Paris zu widersprechen. Er lehrt seine Schüler, die künftigen Diener des Evangeliums, daß man auch ohne Christus sehr gut ein Christ sein könne. „Wenn Christus und seine Heiligkeit uns geraubt würden, erklärt „er sehr fromm, (Révue de Theologie, Vol. 7, pag. 242), „so würde eine unendliche Trauer die ganze Erde ergreifen, aber „es bliebe uns dennoch der Glaube an den Vater, das Leben in „Gott." Ja die Sache ist so weit gekommen, daß J. von Gasparin, dieser eifrige Vertheidiger des franz. Protestantismus genöthigt ist, sich Glück zu wünschen und es als einen unerwarteten Triumph zu preisen, daß unter 700 protestantischen Pastoren in Frankreich sich noch 200 gefunden haben, welche die Gottheit Jesu Christi glauben. **)

Von den berühmtesten protestantischen Kanzeln herab hört man laut verkünden, Christus sei nur ein jüdischer Socrates, der

---

*) La Christologie. In allen protestantischen Buchhandlungen zu finden.
**) Gasparin, Interets généraux du protestantisme, avertissement p. 7.

Stifter der besten praktischen Philosophie gewesen. Die berühmtesten Pastoren machen aus ihm einen bloßen Rabbiner, welchen viele für den Messias hielten, so daß er es am Ende selbst glaubte, obwohl er im Grunde nur einen gereinigten Mosaismus lehrte. Er wurde dann zum Tode verurtheilt, gekreuziget und als Scheintodter von seinen Anhängern hinweggenommen. Nach drei Tagen erholte er sich, kam wieder zum Leben, zeigte sich nochmals seinen Schülern und verließ sie endlich, ohne daß sie ihn je wieder gesehen hätten. Diese gehässige Parodie des christlichen Symbolums finden wir nicht etwa bei Voltaire oder Rousseau, sondern in der christlichen Theologie von Wegscheider *), welche schon die siebente oder achte Auflage erlebt hat und den jungen Kandidaten des Pastoramts als Handbuch dient.

Ist es sich deßhalb zu verwundern, wenn Hr. Leblois, ein nach solchen Prinzipien gebildeter Pastor, in Straßburg von öffentlicher Kanzel herab, erklärte, „die Anbetung Jesu Christi „sei Aberglauben, die protestantischen Sekten, welche noch diesen „Rest des Papstthums beibehalten, seien äußerst zu tadeln und „es sei Zeit, dieser sowohl vernunft- als schriftwidrigen „Abgötterei ein Ende zu machen."

Noch elender und bedauerlicher steht es heutzutage in dieser Beziehung in Deutschland. Es scheint, als hätte die göttliche Vorsehung gerade jenes Land, in welchem der Protestantismus vor drei Jahrhunderten aufgetaucht ist und sich mit Feuer und Schwert groß gemacht hat, dadurch strafen wollen, daß er den fortgeschrittensten Trägern des Protestantismus das Glaubenslicht entzogen und sie der Finsterniß ihres verblendeten Verstandes preisgegeben hat. Das göttliche Wort Christi wurde von deutschen Professoren nach und nach so geläutert und immer mehr gereinigt, daß diese Professoren allbereits gar kein göttliches Wort mehr in demselben finden können, und daß sie nicht nur gegen die Gottheit Christi, sondern selbst gegen seine Person und seine Existenz protestiren. Man lese nur die Schriften des bekannten Professors Strauß, welchem Christus eine bloße Mythe ist, und welcher bei den protestantischen Pastoren so vieler Nachtreter fand und gerade jetzt neuerdings findet. Alle diese Herren nennen sich indeß Christen und wollen nach dem Beispiel ihrer

---
*) Wegscheider, Theol. christ. § 121.

weniger kühnen Vorgänger Luther, Calvin ꝛc. ꝛc. als gute Protestanten gelten.

In Genf, dem protestantischen Rom, hat die Vénérable Compagnie des pasteurs (diesen Titel legte sie sich selbst bei) schon 1817 durch eine eigene Verordnung vom 3. Mai allen Predigern förmlich untersagt, auf der Kanzel von der Gottheit Jesu Christi zu sprechen. Diejenigen, welche mit solcher Aufklärung nicht gleichen Schritt zu halten und die freie Untersuchung nicht bis auf diese Höhe zu treiben vermochten, sahen sich genöthiget, sich zu trennen und werden noch jetzt von der National=Kirche unter dem Namen Momiers verspottet. *) Und in Zürich fand unlängst der Antrag auf Abschaffung des christlichen Glaubensbekenntnisses den Beifall selbst der — Synode!

Wenn es nicht zu weitläufig wäre, so könnten wir hier durch allgemeine und öffentlich anerkannte Thatsachen aus den verschiedenen übrigen protestantischen Ländern zeigen, wie der Protestantismus allenthalben den heiligen und wesentlichen Glaubenssatz der Gottheit Christi preisgibt und verläugnet und so das Christenthum gänzlich vernichtet. Doch, wir fragen, ist das bisher angeführte nicht mehr als hinlänglich, um mit dem Protestanten de Gasparin auszurufen:

„Wahrlich die Mehrzahl der Protestanten ist nicht mehr christlich!"

Das Dogma von der Gottheit Jesu Christi, wie überhaupt die ganze Lehre des Christenthums verdanken wir einzig der katholischen Kirche. Sie ist vom Heilande als die lebendige und unfehlbare Bewahrerin der göttlichen Autorität aufgestellt. Die Protestanten haben diese Autorität verworfen und ermangeln daher in Glaubenssachen jedes sichern Führers. Deßwegen fallen seit drei Jahrhunderten ihre Glaubenslehren eine nach der andern dahin. Und wenn sie ihrem Grundsatze der freien Forschung logisch treu bleiben, so wird am Ende ihr ganzes Glaubensbekenntniß dasjenige eines bekannten Protestanten sein, welcher

---

*) Die Genfer Momiers sind eigentlich Calvinistische Methodisten, deren Spuren sich zuerst 1331 in Genf zeigten. Der Genfer Pöbel gab ihnen den Namen Momiers, sei es von Momerie, Grimasse, Maskerade, Heuchelei, oder von Momie eine Mumie. Später nannten sie sich selbst so.

eines Tages dasselbe so ausdrückte: „**Ich glaube an nichts mehr.**"

Nachdem der Protestantismus die Kirche geläugnet, so läugnet er nun Christus; nachdem er Christus geläugnet, wird er Gott selbst läugnen — und sein Werk wird vollendet sein! — Dieses Werk ist in einem großen Theile Deutschland schon vollendet. Es existirt nämlich dort eine mächtige, weit verbreitete Verbindung unter dem Namen „**Protestantische Freunde.**" Die Häupter derselben sind drei Pastoren, Uhlich, Wislicenus und Sachse. Um sie schaaret sich eine große Anzahl deutscher Pastoren und selbst die amtlichen Pastoren von Berlin haben schon zu wiederholten Malen ihre Sympathie für diese Freunde der Reform kundgegeben.

Folgendes ist das Glaubensbekenntniß des Pastors Uhlich und seines Katechismus:

„**Unser Glaube besteht darin, keinen Glauben zu haben.**"

„**Das Wesen, welches man Gott nennt, ist ein eingebildetes Wesen.**"

„**Der wahre, eigentliche Gegenstand unserer Anbetung sind wir selbst.**"

Und dieser ausgeschämte Atheismus ist gerade jener moderne Protestantismus, welcher im nördlichen Deutschland, vorzüglich in Preußen zu Hause ist, er ist nur die logische Schlußfolge desselben; der Protestantismus kann nur unter der Bedingung konsequent existiren, daß er dem menschlichen Gedanken volle Freiheit oder vielmehr volle Zügellosigkeit gewährt. Ist der Protestantismus nicht dieses, so ist er — Nichts; ist er aber dieses, so ist er abermals — Nichts! *)

---

*) Vergleiche das interessante Werk von Eugen Rendu, Kabinetschef des Ministers des öffentlichen Unterrichts, über den Zustand des Protestantismus in Preußen. (Segür, Kap. XIV. XVI.

X. Schlußwort für jene Katholiken,

welche in nächster Gefahr stehen, durch die protestantischen Propagandisten zum Glaubensabfall (Apostasie) verleitet zu werden.

———

Unter den gegenwärtigen Zeit= und Orts=Verhältnissen ist es, wie wir im Eingang unserer Schrift gezeigt, heutzutage in den meisten Ländern den Katholiken zur Unmöglichkeit geworden, sich von den Protestanten abzuschließen; die Verhältnisse nöthigen sie, mit denselben in dem gleichen Staate, in der gleichen Gemeinde, oft in dem gleichen Hause und in der gleichen Familie zusammen zu leben. Dieses Zusammenleben legt den Katholiken besondere Pflichten auf. Der Katholik soll unter solchen Verhältnissen nicht nur seine Religion desto genauer kennen und üben, sondern er soll auch die wesentlichen Unterschiede zwischen der katholischen Kirche und dem Protestantismus kennen, deren Tragweite und Folge erfassen und vorkommenden Falls seine Konfession gegen die Angriffe der Gegner vertheidigen, Letztere über die Vorurtheile, welche sie gegen die katholische Kirche hegen, belehren, und sich und Andere gegen die Fallstricke, welche die protestantische Propaganda legt, schützen und wahren.

Zu diesem Zwecke haben wir in diesen Blättern zuerst den Unterschied zwischen Katholik und Protestant, zwischen Protestant und Protestantismus, zwischen Protestant und Protestant erörtert und dann die Regeln aufgestellt, welche der Katholik im Allgemeinen im Umgang mit den Protestanten zu beobachten hat, je nachdem diese aufrichtige, oder indifferente, oder fanatische und propagandistische Glaubensgegner sind. Wir haben sodann im Besondern die Proselytenmacherei und Propaganda der protestantischen Fanatiker in ihren Zwecken und Mitteln, in ihren Broschüren, Traktätlein, in ihrem Seelenschacher, in ihren Schleichwegen, in ihren falschen Anschuldigungen und Angriffen, Vorurtheilen gegen die katholische Kirche, in ihren Irrthümern, in ihrem Verfalle gekennzeichnet, entlarvt, und dadurch den Katholiken zeitgemäße Waffen in die Hände gegeben, um sich gegen diese Proselytenmacherei und Propaganda zu schützen. Wir haben in all' diesen Erörterungen uns vorzugsweise an den Verstand der

Katholiken gerichtet; es sei uns gestattet, zum Schluß noch ein Wort an das Herz derselben, besonders Jener, die in nächster Gefahr der Apostasie schweben könnten, zu sprechen.

Das Herz des Menschen und die katholische Kirche haben den nämlichen Urheber — Gott, und Gott hat die katholische Kirche auf eine wunderbare Weise allen Bedürfnissen des menschlichen Herzens angepaßt.

Die Autorität ihres Lehramtes entspricht unsern Bedürfnissen des Glaubens, denn ohne Autorität ist kein Glaube möglich; die Feier ihres Kultus entspricht unserer Natur, welche aus Seele und Körper besteht, und welche das Bedürfniß fühlt, Gott sowohl innerlich als äußerlich zu verehren; das Bußsakrament entspricht den Bedürfnissen unseres sündigen Herzens nach Reue und Verzeihung; die Anrufung der Heiligen, die Gebete für die Abgestorbenen entsprechen dem Gefühle der ewigen Vereinigung der Seelen mit Gott und der geistlichen Gemeinschaft der Menschen unter einander. — Das Nämliche gilt von allen Glaubenssätzen, von allen Vorschriften und Uebungen der Kirche; mit welch' göttlicher Weisheit und Güte sind nicht alle heiligen Sakramente den verschiedenen Bedürfnissen der Menschheit von der Wiege bis zum Grabe angepaßt!

Im Protestantismus hingegen ist alles kalt und nackt wie die Mauern seiner Tempel, in welchen man nirgends die Gegenwart, wohl aber allenthalben die Abwesenheit Gottes fühlt.

Wehe der verirrten und verdorbenen Seele, welche wie der verlorene Sohn im Evangelium das Vaterhaus verläßt, um sich in die fremden Gebiete des Irrthums zu begeben? Einmal hinweg aus der belebenden Atmosphäre, in welche Gottes Barmherzigkeit sie versetzt hatte, athmet eine solche Seele nur noch eiskalte Todesluft, findet sie nur Leere und Trostlosigkeit!

Für einen Katholiken, der Protestant geworden, gibt es im Momente der Leidenschaft weder irgend einen Zügel noch im Augenblicke der Reue irgend einen Trost.

Wo fände er im Augenblicke des Zweifels einen Führer, wo in der Versuchung und im Kampfe Hülfe? Das Alles fehlt ihm. Da gibt es nach dem begangenen Fehler keine Gewißheit der Verzeihung, da ist kein geweihter Priester, der ihn im Namen Gottes tröstet und von seinen Sünden lossspricht. Die sinnreichen Ceremonien der Kirche, die Bilder des Heilandes, der

der seligsten Jungfrau und der Heiligen, alle diese so tröstlichen und aufmunternden Gegenstände bestehen für einen solchen bedauernswerthen Apostaten nicht mehr; denn Alles das ist ihm ja Abgötterei; das heilige Kreuzzeichen — Abgötterei; das Gebet zur göttlichen Mutter — Abgötterei; das Vertrauen auf die Fürbitte der Heiligen, der Patronen und Schutzheiligen im Himmel — Abgötterei. Aller dieser Tröstungen und Hülfsmittel hat der Unglückliche sich beraubt.

Und wenn die Stunde des Todes naht, wenn der Unglückliche auf dem Punkte steht, mit allen Sünden seines Lebens vor Gott zu erscheinen, dann ist kein Priester da, welcher ihm die letzten Sakramente der Kirche spendet und ihm mit Gewißheit sagt: „Armer Sünder, du kannst im Frieden sterben; denn Je„sus Christus hat mir die Vollmacht ertheilt, dir zu verzeihen „und in seinem Namen verzeihe ich dir."

Noch mehr! Nach seinem Tode wird seine Leiche nicht zur Kirche getragen, sondern geradezu auf einen ungeweihten Friedhof geführt; denn für einen Protestanten ist jede derartige Einweihung ja wiederum — Abgötterei. Sind endlich seine Kinder, wie er, zum Protestantismus übergegangen, so ist ihnen verboten, für ihren Vater zu beten, denn der Protestantismus läßt weder einen Reinigungs=Ort, noch Gebete für die Abgestorbenen zu. Nein dieser trostlose Kultus hat kein Gebet für die armen Abgestorbenen, keine fromme Andacht bei ihrer Grabesstätte. Einige unfruchtbare Thränen im Augenblicke, wo die letzte Erde auf ihren Sarg fällt, bilden den letzten Akt, dann senkt sich der Vorhang und zwischen ihnen und uns hat Alles ein Ende.

Einzig diese Betrachtung sollte hinreichen, um das Herz= und Trostlose, welches den untreuen Katholiken nach seinem Abfall vom Glauben im Protestantismus erwartet, klar zu machen. Das Bedürfniß für die Verstorbenen, welche man geliebt und verloren hat, zu beten, ist so natürlich, so gebieterisch, so tief in's menschliche Herz eingewurzelt, daß eine Religion, welche dasselbe läugnet und die Befriedigung desselben untersagt, zum voraus gerichtet ist. Jenes arme Mädchen sprach eben dieses allgemeine Gefühl aus, welches nach dem Tode seiner Mutter mit bewunderungswürdiger Energie sagte: „Sobald ich groß geworden und „Herrin meiner Handlungen sein werde, will ich katholisch wer=

„den, denn ich will einer Religion angehören, welche mir erlaubt, „für meine verstorbene Mutter zu beten. *)

Der Tod, sagt man richtig, ist der Wiederhall des Lebens. — Ja der Augenblick des Todes ist ein feierlicher Augenblick, ein Augenblick, wo alle Trugschlüsse ihre Kraft verlieren, alle Täuschungen verschwinden und wo das Gewissen wieder seine Rechte zurückfordert. Berufen wir uns daher in dem Prozesse, welchen die protestantischen Proselytenmacher gegen die katholische Kirche erheben, auf dieses Gericht höchster Instanz — auf das Gericht des Todes!

Es gibt Protestanten, welche katholisch und es gibt Katholiken, welche protestantisch geworden sind. — Werfen wir unsere Blicke auf das Todbett der einen wie der andern!

Den unzähligen Protestanten, welche in den Schoos der katholischen Kirche zurückgekehrt sind, lebten und starben voll Hoffnung und Heiterkeit. Da vernimmt man keine Aeußerung des Bedauerns, da quält sie kein Gewissensbiß, da beunruhiget kein Zweifel ihre letzten Augenblicke. Sie glauben, sie lieben, sie beten, sie geben ihre Seele Gott zurück, indem sie ihm danken, daß er sie habe katholisch werden lassen. Wir fordern den Protestantismus auf, uns ein einziges Beispiel vom Gegentheil anzuführen, wenn er im Stande ist.

Alle jene Doctoren und Pastoren, alle jene unterrichteten und muthvollen Männer, welche im Schooße des Protestantismus aufgewachsen, und, denselben genau kennend, ihn dennoch verlassen haben, um katholisch zu werden, starben ohne Ausnahme wie der berühmte Graf von Stolberg. Man kann nichts Rührenderes lesen als die Erzählung seines Todes. Er starb freudig und voll inniger Liebe Gottes; er pries den Herrn, daß er ihn zur Erkenntniß seiner wahren Kirche geführt, er empfahl seinen Kindern, für die Abgestorbenen zu beten und standhaft in der katholischen Religion zu verharren. Nachdem er voll Demuth die letzten Sakramente empfangen, starb er, indem er voll himmlischer Freude zu wiederholten Malen ausrief: Gelobt sei Jesus Christus!

Wie ganz anders ist der Tod der meisten, um nicht zu sagen, aller Unglücklichen, welche von der katholischen Kirche abgefallen sind? Wenn sie nicht jedes Gefühl des Glaubens an

---

*) Vergl. Segür, Vertrauliche Unterhaltungen.

Gott und an die Unsterblichkeit der Seele verloren haben; wenn sie nicht bis zum Materialismus und Atheismus verstockt sind, welche Verwirrung, welche Gewissensbisse, welche Schrecken beunruhigen nicht ihre letzten Augenblicke! Nun erinnern sie sich wieder an jene katholische Kirche, welche sie treulos verlassen und an die Ursachen, warum sie dieselbe preisgegeben haben. Diese Welt mit ihren berauschenden Reizen verschwindet vor ihren erschreckten Blicken und an ihre Stelle tritt der Gedanke des Gerichts und der Ewigkeit, welche herannahen. Und wenn sie noch an die heilige Schrift glauben, so lesen sie mit Entsetzen in derselben die Worte des Heilandes, welche ihr Verdammungsurtheil enthalten: „Was nützt es dem Menschen, wenn er die ganze „Welt gewinnt, an seiner Seele aber Schaden leidet."

Der Tod der Reformationsstifter, welche alle abgefallene Katholiken, großentheils sogar abgefallene Priester waren — bestätiget diese Wahrheit auf Schrecken erregende Weise.

Wir sprechen weder von Luther, welcher nach einem fröhlichen Mahle, das er wie gewöhnlich, durch seine Zoten und Possen gewürzt hatte, plötzlich vom Schlage getroffen, noch von Zwingli, welcher in der Schlacht erschlagen wurde; zwei plötzliche und bedauernswerthe Todesarten, die den Unglücklichen nicht mehr Zeit ließen, ihren innern Seelenzustand zu ordnen.

Welch' schreckliche Lehre enthält aber der Tod der übrigen Reformationsapostel? — Nach dem Zeugnisse des Protestanten Schlüsselburg *) „starb Calvin am Fleckfieber, von Würmern „gefressen und von einem Geschwüre aufgezehrt, dessen Geschmack „keiner der Anwesenden aushalten konnte;" er hauchte seine Seele auf die elendeste Art aus, an seinem Seelenheile verzweifelnd, die Teufel anrufend und die gräßlichsten Schwüre und entsetzlichsten Gotteslästerungen ausstoßend.

Johann Haren, Schüler Calvins und Augenzeuge seines Todes, bezeugt gleichfalls, „daß Calvin in Verzweiflung starb, „an einer jener schändlichen und eckelhaften Todesarten, mit denen „Gott die Verworfenen und Gottlosen bedroht hat. Ich kann „es in aller Wahrheit bezeugen, fügt er bei, indem ich es mit „meinen eigenen Augen gesehen habe. **)

---

*) Theol. Calvin. T. II., p. 72.
**) J. Harenius de vita Calvini.

Spaletio, Justus Jonas, Jsinder und viele andere Freunde Luthers und Koryphäen der Reformation, starben die einen in Verzweiflung, die andern in Wahnsinn. — Heinrich VIII. rief sterbend, er habe den Himmel verloren und seine unwürdige Tochter Elisabeth starb in tiefster Trostlosigkeit, auf dem Boden liegend und sich nicht in's Bett zu legen wagend, „weil sie im Anfange ihrer Krankheit geglaubt hatte, „ihren abgezehrten Körper in einem Feuer-Kessel zucken „zu sehen." *)

Mögen im Hinblick auf diese schrecklichen Todesfälle und beim Bedenken an die Ewigkeit die unglücklichen Katholiken, welche versucht sein könnten, den Glauben der Kirche zu verlassen und diesen Aposten zu folgen, sich erinnern, daß ein Tag kommen wird, wo auch sie sich vorbereiten müssen, vor Gott zu erscheinen. Mögen sie an den Tod, an das Gericht und an die Hölle denken, und sie werden gewiß nicht die katholische Kirche verlassen.

---

*) Lingard, Geschichte von England. T. VIII Cap. 7 und die Briefe Milners. Brief IV. p. 246 ꝛc. ꝛc. — Segur III. Abth.

Inhaltsverzeichniß.

		Seite.
I.	Ehemals und Jetzt	5
II.	Unterscheidungen	8
	1. Zwischen Katholik und Protestant	8
	2. Zwischen Protestant und Protestantismus	9
	3. Zwischen Protestant und Protestant	10
III.	Allgemeine Regeln, welche aus diesen Unterscheidungen bezüglich des Umgangs mit Protestanten folgen und zwar 1. mit aufrichtigen Protestanten	12
	1. mit aufrichtigen Protestanten	13
	2. mit indifferenten Protestanten	14
	3. mit fanatischen Protestanten	18
IV.	Propaganda und Proselitenmacherei der fanatischen Protestanten im Gegensatz zur katholischen Kirche. (Unterschied zwischen katholischen und protestantischen Konversionen)	19
V.	Ihre Broschüren und Traktätlein	29
VI.	Ihr Seelenhandel mit materiellen Lockmitteln	34
VII.	Ihre Schleichwege mit Mischehen und Mischschulen	39
VIII.	Ihre Schlagworte und ihr Feldgeschrei:	42
	1. „Fort mit der mündlichen Ueberlieferung und der kirchlichen Autorität; hoch die Bibel und die freie Forschung!"	43
	2. „Fort mit den katholischen Ceremonien und Abgöttereien; hoch das Urchristenthum!"	59
	3. „Fort mit der katholischen Geld=Religion; hoch die evangelische Armuth!"	67
	4. „Fort mit dem Papst und den katholischen Pfaffen; hoch die Pastoren und Pastorinnen!"	71

Seite.

5. „Fort mit der katholischen Intoleranz; hoch die protestantische Toleranz!" 82
6. „Fort mit der katholischen Volksentsittlichung; hoch die protestantische Sitten-Reform!" 99
7. „Fort mit der katholischen Volksverdummung und Verknechtung; hoch die protestantische Kultur und Volks-Emanzipation!" 106
8. „Fort mit der katholischen Volksverarmung; hoch die protestantische Nationalwirthschaft!" 112

IX. Zur Abwechslung einmal ein anderes „Fort," und zwar diesmal ein **katholisches Fort** gegen protestantische Verirrungen: 119
 1. Frage: Ist der moderne Protestantismus wahrhaft eine Religion? 120
 2. Frage: Glaubt der **moderne** Protestantismus wahrhaft an Christus? 123

X. Schlußwort für jene Katholiken, welche in nächster Gefahr stehen, durch die protestantischen Propagandisten zum Glaubensabfall (Apostasie) verleitet zu werden 127

Druck von J. M. A. Blunschi in Zug.